부자가 꿈이지만
돈 공부는 처음입니다

부자가 꿈이지만
돈 공부는 처음입니다

윤석천 지음

부자들이 알려주지 않는
돈의 시그널을 읽는 법

갈매나무

지금 자산시장은 어디로 가고 있는가?

2022년 9월도 막바지로 치닫고 있는 현재, 세계는 대변혁의 혼란에 휩싸여 있습니다. 러시아의 우크라이나 침공으로 시작된 전쟁은 좀처럼 끝나지 않고, 거의 반세기 만에 재등장한 인플레이션이란 괴물은 지구인의 삶을 할큅니다. 미국 등 서방 선진국이 주도하던 세계화의 퇴조 흐름도 명확합니다. 패권을 둘러싼 미·중 갈등 역시 경제를 넘어 전 분야로 확산 중입니다. 각국은 협력 대신 각자도생하며 자국 이기주의를 극대화했습니다.

21세기 초까지 세계를 움직이던 기존 질서가 무너지는 중입니다. 세계는 변하고 있습니다. 기존 질서가 깨질 때 파열은 불가피합니다. 변화는 필연적으로 불안정을 낳습니다. 이를 제일 먼저 반영하는 곳이 자산시장입니다. 자산시장은 2022년 들어 맥을 못 추고 있습니다. 주식시장의 변동성은 커졌고 부동산시장은 마침내 내림세로 돌아섰습니다. 설마 했던 일이 현실이 된 것입니다.

친구나 동료를 쫓아 2021년 호황기에 투자시장에 진입했던 분들은 아마 커다란 손실을 봤을 겁니다. 어떤 분은 손절하고 투자시장을 빠져나왔을 테고 일부는 손실이 커지는 자산을 포기하지 못하고 옴짝달싹 못하고 있을 겁니다. 조금이라도 재산을 불려보겠다고 참여한 투자가 어느새 고통이 돼버렸습니다.

대체 우린 뭘 잘못한 걸까요? 어디서부터 틀어진 걸까요? 투자 이익은 '리스크'의 대가라는 말을 수없이 들어봤을 겁니다. 하지만, 우리 대부분은 투자에 나설 때 리스크보다는 이익에 주목합니다. 자산시장 호황기엔 더욱 그렇습니다. 너나없이 돈을 버니까요. 투자처럼 쉬운 게 없습니다. 리스크는 완전히 무시되지요. 자신감은 어느새 '자만'이 됩니다.

모험가들은 준비 없이, 즉 심사숙고의 과정 없이 모험하지 않습니다. 투자를 한다는 것은 모험과 다르지 않습니다. 준비 없이 모험에 나서는 이를 자연이 용납하지 않듯 심사숙고의 과정 없이 투자에 나서는 이를 시장은 봐주지 않습니다. 투자란 자신만의 온전한 책임을 전제로 한 심사숙고의 과정임을 잊는 순간 실패는 예정됩니다.

자산시장은 어떤 식으로든 시대 변화를 반영합니다. 거시적인 환경뿐만 아니라 미시적 변화에 따라서도 오르고 내립니다. 이런 변화에 투자자는 어떻게 대응해야 할까요? 무엇보다 넓게 살펴보고 세심히 따져볼 줄 아는 눈이 필요합니다. 그것을 가질 유일한 방법은 공부입니다. 공부에서 가장 중요한 요소는 뭘까요? 튼튼한 기초입니다. 뿌리가 깊은 나무는 바람에 흔들릴지언정 뽑히지 않습니다. 이 책의 목적은 기본 다지기에 있습니다. 모두가 알고 있을 것 같지만 대부분이 모르는, 혹은 무시해버리기 쉬운 부분을 짚어보고자 했습니다.

우리는 대체로 잘 살기 위해 공부를 합니다. 현실적으로 좋은 직업을 갖기 위해 수십 년을 치열하게 공부하곤 하죠. 나아가 돈을 불려 더 풍족한 삶을 누리고 싶다면 투자도 다르지 않아야 합니다. 한데, 이상하게 대부분의 사람은 투자 공부를 학업만큼 열심히 하지 않습니다. 주식이나 부동산을 살 때, 해당 기업이나 부동산을 얼마나 열심히 분석하고 공부하나요? 자문해볼 일입니다. 그야말로 여러분의 건투를 빕니다.

CONTENTS

≡ **2부**
부자들은 아는 돈의 시그널:
돈의 문법을 읽으면 투자는
반드시 성공한다

4장 돈의 흐름이 보일 때 투자의 눈이 열린다

5장 변덕스러운 시장에도 투자 적기는 있다

6장 시장 심리를 이해해야 실패를 줄인다

≡ 3부
대비하면 위험이 아니다:
초보 투자자의 흔한 실수

1부

왜 지금 돈 공부를 해야 하는가:
기회는 반드시 다시 온다

1장

'벼락거지', 이제는 회복해야 할 때

$ 투자가 시대정신이 된 현대 사회에서 살아남기

$ 더 늦기 전에 준비해야 손실을 회복한다

투자가 시대정신이 된
현대 사회에서 살아남기

3년 전 유통 대기업에 입사한 서모 씨(32)는 취업문만 통과하면 탄탄대로가 열릴 줄 알았다. 하지만 달라진 건 대학 앞 자취방을 벗어나 오피스텔로 이사한 것뿐. 그마저도 9000만 원 전세대출을 받았다. 입사 무렵 점찍어 둔 아파트는 4억 원에서 7억 5000만 원으로 치솟은 반면 서 씨의 연봉은 300만 원 올랐다. 지난해 말엔 마이너스 통장으로 3000만 원을 대출받아 주식 투자에 뛰어들었지만 현재 수익률은 −5%. 서 씨는 "3년 전으로 시계를 돌린다면 취업에 목숨 거는 대신 비트코인을 샀을 것"이라고 했다.

동아일보 2021년 12월 1일 자 기사입니다. 이 짧은 기사는 오늘을 웅변합니다. 서모 씨는 열심히 공부했고 치열하게 살아왔을 겁니다. 취업하기가 하늘의 별을 따듯 힘든 시기에 대기업에 입사했으니 말이지요. 대기업 입사는 청년들의 꿈입니다. 그는 꿈을 이뤘습니다. 하지만, 바뀐 건별로 없지요. 여전히 대출 인생에서 벗어나지 못했습니다. 조금 나은 환경으로 이사를 했지만 대출금은 늘었습니다. 몇 년 절약해 차곡차곡 돈을 모으면 손에 넣을 수 있을 듯 보이던 아파트는 하늘의 별이 됐습니다. 월급만으론 감히 넘볼 수 없는 먼 나라의 꿈이 되었지요. 어디를 둘러봐도 출구가 쉽게 보이지 않습니다. 아무리 힘들게 노력해봐야 손에 넣을 수 있는 게 별로 없습니다.

한데 자산, 즉 부동산이나 주식, 또는 가상자산(암호화폐, NFT 등)을 가진 별세계의 사람이 있습니다. 자고 일어나면 돈이 불었답니다. 신문과 방송에서는 이들이 몇억, 몇십억을 벌었다는 얘기가 신화처럼 난무합니다. 회사 부장님은 강남의 아파트로 몇억을 벌었고 또 누구는 지방 아파트를 몇 채 사서 단 몇 달 만에 몇억을 벌었다고 합니다. 또 입사 동기는 가상자산에 투자해 몇 배의 수익을 얻었고 발 빠른 누구는 NFT를 사서 몇 배의 차익을 얻었다고 합니다.

열심히 일만 하는 우리는 불안합니다. 노동만이 희망이라 믿었던 스스로에게 화가 납니다. 우직한 자신이 미워집니다. 남부럽지 않은 두뇌와 젊음을 가졌음에도 자본주의 경쟁에서 밀리고 있다는 생각은 우리를 초조하게 합니다. 사실, 오늘의 청춘에게 경쟁은 일상이었습니다. 학교는 더 잘살기 위해 살아남아야 하는 전쟁터였습니다. 한데, 잠시 방심했습니다. 그런 자신에게 화가 치밉니다. 자고 일어나 보니 '벼락거지'가 되었다고 자괴감에 빠진 적도 있을 겁니다.

동아일보와 KB금융지주 경영연구소, 잡코리아가 2021년 11월 초, 2030세대 500명을 대상으로 실시한 '청년 금융인식 실태조사'는 오늘의 우리를 잘 보여줍니다. 이 조사에 따르면 2030세대 10명 중 4명은 일해서 번 돈으로 자산을 불리기 어려워 투자에 뛰어든다고 합니다. 예·적금 금리가 낮아서 투자에 뛰어들었다는 응답도 36%에 달했는데, 이는 결국 전체 응답자의 80% 정도가 자산을 불리기 위해 투자에 나섰다는 현실을 보여줍니다. 부동산, 주식 등 자산 가격 급등으로 자산 격차가 커지면서 '벼락거지'가 되었다는 위기감을 느낀 청년들이 그만큼 많았다는 얘기지요.

시대정신이 되어버린 투자

벼락거지란 하루아침에 거지가 됐다는 소리입니다. 현실 세계에선 이런 일이 거의 발생하지 않습니다. 벼락거지란 말은 비슷한 처지에 있던 다른 사람의 재산이 갑자기 늘어 상대적으로 가난해지는 경우를 말합니다. 그야말로 하루아침에 경쟁 대열에서 뒤처진 경우지요.

열심히 일만 하면 잘살 수 있을 거란 기대로 재산을 불리는 수단이라고는 예·적금이 전부였던 사람들, 정부를 믿고 부동산이 언젠가는 안정될 거라 기다리며 무리해서 집을 사지 않았던 사람들이 이른바 벼락거지의 전형이라 할 수 있습니다.

한데, 이들은 정말 벼락거지일까요? 아닙니다. 거지란 타인에게 손을 벌려야 할 정도로 생활 능력이 없는 사람을 말합니다. 어떻게 일을 하면서 열심히 사는 사람이 거지일 수 있겠습니까. 벼락거지란 용어엔 자본주의를 숭배해온 우리의 무의식이 담겨 있습니다. 성실하게 살아온 사람들에게 상대적 박탈감을 유발하고 노동 가치를 경시하는 풍조를 은연중에 만들어내고 있는 거죠.

어쨌든 '벼락거지'란 용어는 노동만으론 남들과의 경쟁에서 이길 수 없다는, 그러니 투자나 투기를 해야만 최소한 남들과 비슷한 삶을 살 수 있다는 인식을 확산시켰습니다. 이른바 '투자'가 시대정신이 되어버렸습니다.

이처럼 벼락거지를 피하려 뒤늦게 '투자' 대열에 뛰어든 사람들은 2022년 현재 어떤 상황일까요? 이들의 투자 성적표는 그야말로 낙제 수준입니다. 영혼까지 끌어모아 뒤늦게 주택을 매입한 사람들, 천정까지 뚫을 듯하던 주식과 코인시장에 별다른 준비 없이 무작정 뛰어든 사람들. 이들은 현재 막대한 손해를 보고 있습니다. 그저 남들보다 뒤처지지 않으려 나름 최선을 다했을 뿐인데 그 대가는 너무 큽니다. 이들 손에 남은 거라곤 절반 이상 쪼그라든 투자금과 막대한 빚뿐입니다. 그야말로 진짜 '거지'가 될 수 있는 위험한 상황입니다.

대체 이들은 무얼 잘못한 걸까요? 자산시장에 대한 몰이해, 즉 준비되지 않은 '묻지 마 투자'가 가장 큰 원인일 겁니다. 동시에, 주체적인 사고에 기반한 행동이 아니라 군중 심리에 휩쓸린 행동도 원인입니다. 투자란 원래 '위험'을 대가로 '이득'을 취하는 행위입니다. 투자 실패는 대부분 이득에만 집중하고 위험을 무시한 결과입니다. 투자의 전제 조건은 위험에 대한 인식입니다. 그 위험을 충분히 감당할 수 있을 때 하는 게 투자입니다. 위험을 감당할 수 없는데도 투자를 한다면 그것은 도박입니다.

2022년 들어 투자의 시대가 저무는 것처럼 보일 겁니다. 수많은 사람이 주식시장, 주택시장에서 떠났습니다. 어느새 투자 열기는 차갑게 식었습니다. 한데, 앞으로도 그럴까요? 경제는 한층 더 '금융화'될 것이 분명합니다. 금융화가 진전될수록 투자는 개인의 삶과 미래를 결정하는 주요 변수가 될 수밖에 없습니다. 투자는 앞으로 더욱더 개인 간 상대적 부를 결정하는 요소가 될 것입니다. 투자를 하는 사람과 하지 않는 사람 간 부의 차이는 커질 것이 분명합니다. 투자는 이미 시대정신이 되어버렸습니다. 앞으론 더욱 심해질 테고요.

핵심은 투자를 할지 말지가 아니라 어떻게 하면 올바른 투자를 할지입니다. 그 길에 왕도는 없습니다. 다만 '정도'는 있다고 믿습니다. 준비된 자만이 투자로 달콤한 과실을 챙길 수 있을 겁니다.

왜 하필 투자 열풍일까?

앞에서 언급한 '청년 금융인식 실태조사'를 보면 청년들의 금융 행태 변화를 잘 알 수 있습니다. 조사 결과에 따르면 예금, 적금을 보유한 청년이 75%를 차지했습니다. 비교적 안전한 상품을 이용해 돈을 불리는 거지요. 한편 위험자산에 투자하는 청년도 급증했습니다. 주식, 펀드, 주가연계증권ELS 등에 투자하는 청년은 52%에 달했고 가상화폐를 보유한 청년은 14% 정도였습니다. 절반이 훌쩍 넘는 청년들이 위험을 감수하면서 투자에 나선다는 겁니다. 곰곰이 생각해보면 투자자가 이렇게 급증한 시절이 별로 없었습니다. 과거에도 투자 열기가 높았던 때가 있었지만 전

연령대에 걸친 광범위한 투자 열기는 전례를 찾기 쉽지 않습니다. 있었더라도 그 기간은 대부분 짧았습니다. 2000년대 초 이른바 인터넷 기반 회사 등 벤처 열풍 시기에도 투자자는 대부분 장년층이었습니다. 가상화폐시장도 일부 투자자의 전유물이었고 2008년 금융위기 이후 시장의 회복, 상승장 역시 일부 투자자가 이끌었습니다. 그렇다면 최근 대대적인 투자 열풍이 분 현상의 원인은 무엇일까요?

투자자가 급증한 시점은 공교롭게도 코로나 바이러스가 창궐한 직후였습니다. 코로나 시대 이후 전 세계에서 투자자가 급증했습니다. 미국 가계와 비영리 기관이 보유한 총 자산에서 주식이 차지하는 비율은 사상 최대 수준입니다. 미국 중앙은행인 연준 자료에 따르면, 2021년 말 현재 미국 가계 및 비영리 기관이 보유한 금융자산에서 주식이 차지하는 비중은 거의 44%에 이릅니다. 사상 최대치입니다. 개인 투자자로 범위를 좁혀보면 이런 경향은 더욱 심해집니다. 미국개인투자자연맹AAII 회원의 경우, 2009년 이래 보유한 자산(주식, 채권, 현금) 중 주식 비중이 가장 높은 상태입니다.

AAII는 1987년부터 회원들의 자산 배분 현황을 조사해 발표해왔습니다. 〈Asset Allocation Survey〉라는 보고서로, 회원들이 어떤 자산에 얼마의 투자를 하는지 추적한 자료입니다. 미국 투자자들의 주식 비중은 코로나 바이러스 영향으로 54% 정도를 찍은 후 2021년 12월 말 약 71%에 이르렀습니다. 주식 비중은 2017년 12월 72%가 최고치였는데, 과거 정점에 1%포인트 정도를 남겨둔 상황입니다. 당시의 투자 열기가 어느 정도인지 알 수 있습니다.

한국도 예외는 아닙니다. 신한은행이 2021년 4월 20일 발표한 〈보통 사람 금융생활 보고서〉에 따르면 2019년 29.9%였던 주식 투자 비율은 2020년 38.2%까지 치솟았습니다. 우리 국민 10명 중 거의 4명이 주식에 투자한다는 얘기입니다.

2021년 여름 무렵, 안동에 있는 한 고등학교에 강연을 하러 간 적이 있습니다. 강연을 마치고 질문 몇 개를 받았는데 고등학생들 질문 절대다수가 주식 투자와 가상화폐 투자를 묻는 것이었습니다. "알트코인을 지금 사는 건 어떨까요?" "삼성전자 주식은 정말로 오를까요?" "포트폴리오는 어떻게 구성하는 게 좋을까요?" 등등, 깜짝 놀랐습니다. 이미 투자가 청소년에게도 너무 익숙한 일상이 되어버린 현실을 절감했습니다.

"그때 서울에 아파트를 샀더라면……"

그렇다면 투자가 이렇게 급증한 이유가 뭘까요? 우선, 돈이 풍부해졌기 때문입니다. 돈의 유무는 투자의 가장 중요한 변수입니다. 투자를 하고 싶어도 돈이 없다면, 혹은 돈을 구할 수 없다면 투자는 불가능합니다. 아무리 전망이 좋은 주식이 있어도, 혹은 곧 오를 것 같은 아파트가 싸게 나와도 돈이 없으면 투자는 불가능합니다. 유동성이란 말을 들어봤을 겁니다. 유동성은 자산시장의 향배를 결정하는 가장 중요한 변수입니다. 자산시장은 돈이 풍부한 환경에서만 크게 움직입니다.

그렇다면 왜 코로나 창궐 이후 투자가 늘어난 걸까요? 바로 돈을 쉽게 구할 수 있는 환경이 만들어졌기 때문입니다. 각국 중앙은행은 코로나 바이러스가 낳은 경기 침체를 막기 위해 금리를 제로에 가깝게 내렸습니다. 무차별적으로 돈을 푼 거지요. 이로써 누구나 쉽게 돈을 빌릴 수 있게 됐습니다. 초저금리를 유지한 배경에는 위기에 처한 실물경제를 도우려는 목적이 있었지요. 난관에 봉착한 기업과 가계에 돈을 풀어 투자와 생산, 고용, 소비를 유지하려는 목적이었습니다.

하지만 실물경제가 쪼그라들었을 때 중앙은행이 푼 돈은 생산적인 투자나 소비에 거의 쓰이지 않습니다. 생각해보십시오. 미래가 불확실한 상황에서 어느 기업, 어느 가계가 생산적인 투자와 소비를 늘리겠습니까? 대신 그 돈이 향하는 곳이 있습니다. 쉽게 빌린 돈으로 주머니가 그득해진 사람들은 자산시장으로 몰려갑니다. 값이 떨어진 돈을 은행에 놔두기보다는 자산시장에 투자하는 쪽이 훨씬 이득이라 생각하기 때문입니다.

두 번째는, 재난지원금으로 주머니가 두둑해졌기 때문입니다. 각국 정부는 코로나로 위기를 맞은 가계와 기업에 천문학적인 현금을 공급했습니다. 이 중 일부는 소비와 투자에 쓰였습니다. 하지만 미래가 불확실하면 기업은 투자를 줄이고 가계는 소비를 줄입니다. 재난지원금 중 상당액이 자산시장으로 향했다고 봐야 합니다. 넘쳐나는 돈은 투자의 일반화를 가능하게 했고, 여기에 빚을 내기 좋은 환경은 '빚투' 현상까지 불러왔습니다.

2008년 금융위기의 경험이 이를 더욱 부추겼습니다. 금융위기 이후 자산시장 참여자와 참여하지 않은 자의 간극은 극심하게 벌어졌습니다. 금융위기가 터지자 전 세계 부동산과 주식시장이 폭락했는데, 사실 이때를 기회라 생각한 사람은 그리 많지 않았습니다. 와중에 발 빠른 '스마트 머니'들은 폭락한 자산을 싼값에 거둬들였고 경기가 회복되자 천문학적인 수익을 남겼습니다. 이를 바라보던 사람들은 자산시장에 참여하지 않은 자신을 원망했을 겁니다. "그때 나도 애플 주식을 샀더라면, 그때 나도 서울에 아파트를 샀더라면, 그때 나도 비트코인을 샀더라면, 지금쯤 나도 부자가 되어 있을 텐데"라고 말이지요. 이때의 경험은 커다란 교훈으로 남았고 사람들의 뇌리에 깊게 새겨졌습니다.

마침내 기회가 왔습니다. 코로나 바이러스가 서구에 퍼지자 주식시장은 일순 크게 폭락했습니다. "기회는 이때다"라고 생각한 사람들이 자산시장에 뛰어들었고 친구 따라 강남 가듯 더 많은 사람이 자산시장에 참여했습니다.

'포모증후군Fear of Missing Out', 즉 무리에서 소외되거나 뒤처질까 봐 두려워하는 인간의 속성은 인류의 DNA에 깊숙하게 새겨져 있습니다. 원시 시대에 무리에서 떨어지는 것은 곧 죽음을 의미했습니다. 진화생물학자들은 이런 속성이 여전히 인류의 뇌를 지배한다고 설명합니다. '남이 하면 나도 해야 한다'는 강박이 시장 참여자를 대폭 늘렸습니다.

투자를 게임처럼 한다고?

거래 플랫폼, 특히 주식 거래 플랫폼의 발전도 한몫했습니다. 상상이 가지 않겠지만 주식을 100주 단위로만 거래하던 시절이 있었습니다. 호랑이 담배 피우던 시절이었죠. 이젠 단주 거래는 당연하고 소수점 단위로 주식을 사고팔 수 있습니다. 가진 돈이 거의 없어도 투자가 가능합니다. 1,000달러 테슬라 주식도 가진 돈이 없다고 실망할 필요가 없습니다. 가진 돈에 맞춰 얼마든지 소수점 단위로 매수가 가능하니까요. 가령 100달러가 있다면 0.1주 매수할 수 있습니다. 돈의 많고 적음으로 투자 기회가 결정되지 않습니다. 로빈후드나 기타 거래 플랫폼들이 이런 거래를 보장하고, 이에 거래할 수 있는 사람의 수가 천문학적으로 증가했습니다.

2021년도까지는 해외 주식만 소수점 거래가 가능했습니다. 하지만 2022년 하반기부터는 국내 주식도 이런 거래가 가능해집니다. 예를 들어, 2022년 4월 22일 삼성바이오로직스 주식 가격은 80만 원 안팎이었습니다. 최소 거래 단위가 1주니 이 주식을 사려면 80만 원이 있어야 합니다. 하지만 소수점 거래가 허용되면 적은 돈으로도 얼마든지 거래가 가능합니다. 0.1주만 살 수도 있으니 8만 원만 있어도 됩니다. 현재, 가상화폐는 소수점 거래를 허용합니다. 적은 돈으로도 얼마든지 투자에 뛰어들 수 있는 환경이 조성되어 있습니다. 투자자가 급증할 수밖에 없겠지요.

젊은 세대는 게임을 즐기며 자라온 게임 세대라 할 수 있습니다. 대부분 게임에 몰두해 PC방에서 몇 시간, 혹은 며칠을 보내봤을 겁니다. 자연히 게임 환경에 매우 익숙합니다. 그런데 요즘의 거래 플랫폼은 투자를 '게임화'했습니다. 부동산도 웹에서 마치 게임 화면을 보듯 거래합니다. 주식이나 가상화폐 거래는 말할 것도 없지요. 일목요연하게 정리된 호가 창에서 클릭만 하면 주식을 사고팔 수 있습니다.

하지만 게임처럼 거래하는 투자에서 사람들은 소액을 거래할 때 그 돈을 꼭 지켜야 할 밑천으로 여기지 않게 됩니다. 게임을 하는 대가라 생각하지요. 투자 대상물의 과소평가나 과대평가 여부는 중요치 않습니다. 게임 화면이 바뀌듯 가격이 움직이면 족합니다. '투자'란 개념보단 게임하듯 즐기는 거래가 늘었습니다. 시장 참여자가 폭증한 이유 중 하나입니다.

가히 '투자의 시대'라고 할 수 있습니다.

더 늦기 전에 준비해야
손실을 회복한다

대학원생 정모 씨(28)도 2019년 말 1000만 원으로 가상화폐 투자를 시작했다. 지난해 '코인 광풍'이 불자 휴학까지 하고 코인을 사고판 결과 투자금은 1억 5000만 원으로 불었다. 수익을 더 내고 싶다는 욕심에 잡코인도 사들였다. 현재 투자액은 3000만 원으로 쪼그라들었지만 원금 대비 여전히 수익을 내고 있다.

_동아일보, 2021. 12. 01.

주변을 둘러보면 투자 성공담이 가득합니다. 누구는 코인에 투자해 몇백 배의 이익을 냈고 또 누구는 주식으로 수억을 벌었다고 합니다. 유튜브는 이런 이야기로 넘쳐납니다. 1000만 원으로 55억 원을 만든 비법, 1억 원으로 100억 원 만든 비결 등등. 심지어 일간지에도 이런 기사가 심심찮습니다. 이런 콘텐츠들은 우리를 혼란스럽게 합니다.

이런 천문학적인 수익이 가능한지 저로서는 의문입니다. 사실 투자자들의 말을 액면 그대로 믿을 수는 없을 겁니다. 모든 투자는 위험합니다.

위험이 크기에 수익이 있는 거지요. 또 수익을 보장하지도 않습니다. 지극히 운이 좋은 사람이 아니라면 수십 배에 달하는 수익을 거두기가 거의 불가능합니다. 누군가가 만약 그런 수익을 냈다면 그 돈은 분명 다른 투자자에게서 나온 것입니다. 수십, 수백 배의 수익만큼 돈을 잃은 사람이 있다는 얘기지요.

　개인적으로 저는 이런 기사나 콘텐츠를 신뢰하지 않습니다. 실제로 투자로 그 많은 수익을 얻었다면 그 비결을 남들에게 쉽게 공개할까요? 저였다면 공개하기 쉽지 않았을 겁니다. 비결이 공개되는 순간 그것은 더 이상 비결이 아닙니다. 모두가 같은 방식으로 투자한다면 그 방식은 전혀 새로울 것이 없게 되고 더 이상 시장에서 작동하지 않으니까요.

대부분의 기간 대다수가 손해를 본다

현실은 어떨까요? 앞에서 언급한 청년 금융인식 실태조사에서는 청년 투자자의 35% 가량이 손실을 봤다고 답했습니다. 20% 넘게 손실을 본 사람도 14.4%에 달했습니다. 반면 20% 이상의 수익을 낸 응답자는 5% 정도에 불과했습니다. 저는 이 정도면 다행이라고 생각합니다.

　사실, 2021년 하반기에는 주식시장이 썩 좋지 않았습니다. 대신 상반기에는 더할 나위 없이 좋았지요. 하반기에도 좋지는 않았어도 폭락을 하지는 않았습니다. 코스피는 2021년 7월 초 3,280 남짓이었고, 12월 30일 2,977로 마감을 했습니다. 이 정도면 조정이라 봐야겠지요. 2021년 초 2,944였으니까 2021년 전체로 보면 외려 약간 올랐다 봐야 합니다.

한데도, 생각보다 많은 사람이 주식시장에서 손실을 봤습니다. 이유는 셀 수 없이 많을 겁니다. 투자 시점을 잘못 잡았을 수도, 투자 방식이 틀렸을 수도, 종목 선택을 잘못했을 수도 있습니다.

제가 하고 싶은 말은 분명합니다. 누구나 투자를 하면 돈을 버는 때가 있습니다. 돈의 액수에서 차이가 있을 뿐이지 시장이 호황 국면일 때는 거의 모든 투자자가 돈을 법니다. 하지만 이런 경우는 흔치 않습니다. 오히려 매우 드물지요. 대부분의 시간 동안 시장은 냉혹합니다. 돈을 버는 사람은 극소수이고 대부분은 돈을 잃습니다. 특히, 누군가가 돈을 많이 벌었다는 소문이나 뉴스가 퍼지고 뒤늦게 시장에 뛰어든 사람은 대체로 손실을 봅니다. 이른바 상투를 잡은 사람이 이런 부류지요.

투자는 매우 어렵습니다. 누구나 쉽게 돈을 벌 수 있다면 그곳은 시장이 아닙니다. 시장은 거친 폭풍우가 몰아치는 바다와 같습니다. 자칫 침몰하기 쉽지요. 매우 노련하면서도 현명한 선장만이 배를 안전하게 몰아 최종 목적지에 도달할 수 있습니다. 똑같습니다. 투자는 심사숙고와 인내의 과정입니다. 이를 지나야만 달콤한 과실을 선물하지요. 운이 좋아 한순간 돈을 벌 수는 있지만, 그 상태를 유지해나가기가 얼마나 어려운지 투자의 대가들은 모두 압니다. 시장은 냉혹한 판관입니다. 준비되지 않은 사람에게 벌을 내리고 준비된 자에게 상을 줍니다.

코로나 바이러스 이후 투자자가 급증했지만 과연 얼마나 많은 이가 수익을 냈는지는 의문입니다. 심지어 전문가들이 안전하면서도 수익이 크게 날 거라 강력하게 추천했던 삼성전자의 주가도 맥을 못 추고 있습니다. 2021년 9월 거의 10만 원에 근접했던 삼성전자 주가는 2022년 9월 15일 종가 기준 5만 6,000원이었습니다. 40% 이상 폭락했지요. 주식시장이 좋을 때 전문가들의 말을 믿고 수많은 개인 투자자가 삼성전자 주식을 샀습니다. 국민주가 된 거지요. 현재 이들은 어떤 상황일까요? 언론은 연일 이들 '개미주주'들의 속 타는 상황을 전합니다. 거듭 말하지만 투자는 손실의 위험을 안고 가는 위태로운 게임입니다. 승리하기 위해서는 단단한 준비가 필요합니다.

2장

돈이 일할 수 있도록 만들어줘야 한다

$ 내가 가진 돈의 가치를 높이려면 어떻게 해야 할까?

$ 노동은 더 이상 생계를 보장하지 않는다

$ 인플레이션 시기, 무언가는 반드시 오른다

내가 가진 돈의 가치를
높이려면 어떻게 해야 할까?

"야! 오랜만이다. 그동안 잘 지냈어!"
"나야 잘 지내지. 살고 있는 아파트는 2배가 올랐고 또 다른 한 채는 몇억 올랐지."

간만에 만난 동창 녀석은 묻지도 않은 말을 합니다. 대출이 두려워 아직도 전셋집을 벗어나지 못한 나는 배가 아프기도 하지만 깊은 절망을 느낍니다. 친구는 저만큼 달려가는데 나만 제자리걸음인 것 같아 갑자기 삶의 의욕이 사라집니다. 재산과 소득 측면에서 비슷했던 친구나 직장 동료, 지인 상당수가 어느 날 보니 나보다 몇 배 몇십 배에 이르는 자산을 갖고 있을 때 우린 상대적 상실감을 느끼게 됩니다. 왠지 자신이 거지처럼 초라해졌다는 생각에서 벗어나기가 어렵지요. 벼락거지가 된 느낌을 받는 겁니다.

사실 벼락거지는 한국만이 아닌 전 세계에 걸쳐 일어난 현상입니다. 2008년 금융위기 이후 진행된 각국의 초저금리로 천문학적인 돈이 자산시장에 쏠렸습니다. 그 때문에 자산시장이 급등했지요. 자산을 가진 자와 갖지 못한 자의 간극이 역사상 최대치로 벌어졌습니다. 자산을 가진 사람은 부자가 됐고 갖지 못한 사람은 상대적으로 가난해졌습니다.

2021년 한국의 전국 주택 가격은 2020년 말 대비 15% 가량이 올랐습니다. 2002년에 16.4% 정도가 올랐으니 19년 만에 최고 상승 폭입니다. 부동산을 보유한 사람은 1년 만에 보통 사람 연봉의 몇 배, 혹은 몇십 배를 벌었습니다. 부동산을 보유하지 못한 이들, 특히 청년 세대의 상실감은 말로 표현할 수 없겠지요.

같은 기간에 임금, 즉 노동 소득이 이 정도로 올랐다면 상실감이 덜했을 겁니다. 불행히도, 임금 상승률은 전년 대비 1.1% 오르는 데 그쳤습니다. 관련 통계가 시작된 2012년 이후 최저치입니다. 그런데 물가마저 올랐지요. 물가 상승률을 감안하면 임금 상승률은 0.5%에 불과합니다.

바람직한 세상에선 노동, 즉 일을 하는 사람이라면 누구나 편하게 살수 있어야 합니다. 임금이 밥이 되고 안락한 주택이 되고 편안한 노후가 되어야 합니다. 열심히 일하면 누구나 편안한 삶을 누릴 수 있는 곳이 좋은 세상이지요. 하지만 이런 세상은 더 이상 가능하지 않습니다. 이유가 있습니다.

현대 사회의 메가트렌드, 초저금리

1980년 미국의 기준금리는 얼마였을까요? 연 20% 정도였습니다. 한국의 경우 1980년 시중 은행 예금 금리가 18%를 넘었고 1990년엔 10%에 달했습니다.

이런 고금리 시대 최고의 투자는 무엇이었을까요? 과거에는 굳이 위험을 무릅쓰고 주식 등에 투자할 유인이 적었습니다. 임금을 아껴 은행에 예금이나 적금을 들어만 놔도 충분한 수익이 보장됐으니까요.

2000년대 들어 금리는 점차 하락합니다. 미국의 경우 6% 정도, 한국은 5% 선이었습니다. 이 정도면 아쉽긴 하지만 참을 수 있는 돈값이었습니다. 하지만 2008년 금융위기 이후 이런 고금리 시대는 저뭅니다. 미국은 제로금리에 들어섰고, 한국 역시 4%대에 있던 금리가 점차 낮아져 2020년 5월 0.50%까지 낮아졌습니다. 2021년 8월 이후 기준금리를 올리고 있지만 2022년 8월 기준 기껏해야 2.5% 수준입니다.

금리란 '돈값'입니다. 내가 가진 돈의 가치가 얼마인지가 바로 금리입니다. 금리가 높다는 건 돈값이 비싸다는 얘기입니다. 은행에 예·적금을 하거나 남에게 빌려줄 때 높은 이자, 즉 수익을 보장한다는 얘기지요. 이런 경우 현금은 당연히 소중합니다.

반대로 돈값이 낮다는 얘기는 현금의 중요성이 상대적으로 떨어졌다는 뜻입니다. 이 경우 사람들은 어떤 선택을 할까요? 돈값이 낮으니 돈을 쓰거나 다른 곳, 즉 오를 가능성이 있는 무언가에 투자하겠지요. 현금을 들고 있어 봐야 나날이 가치가 하락할 테니까요.

결국 돈값, 즉 금리는 돈을 위험은 하지만 높은 수익이 기대되는 곳에 투자할지, 그냥 손에 쥐고 있으면서 안전한 수익을 얻을지를 결정하는 핵심 변수가 됩니다. 이때 기준은 안전한 수익이 얼마냐겠지요. 제로금리 시대는 은행에 돈을 맡겼을 때 거의 수익이 없는 때입니다. 이 시기에 돈을 은행에 예치하는 것은 대부분의 경우 어리석은 행위가 됩니다. 말 그대로 돈을 보관, 혹은 묵혀두는 것과 다름이 없으니까요. 돈은 생물입니다. 그 자체로 무한 번식 욕구를 갖습니다. 번식, 즉 증식을 멈춘 돈은 죽은 것과 다름없습니다. 누가 과연 이런 어리석은 선택을 할까요? 초저금리는 투자의 시대를 만든 가장 큰 원인입니다.

2020년 중반부터 팬데믹으로 풀린 돈이 문제를 일으켰지요. 물가 상승세가 뚜렷합니다. 즉, 인플레이션이 발생했습니다. 인플레이션이란 돈값이 하락하는 현상입니다. 오늘 1,000원 하던 바나나 가격이 내일 2,000원으로 뛴다면, 오늘 5억 원이던 아파트가 1년 후 10억 원으로 오른다면, 오늘 5만 원 하던 삼성전자 주식이 한 달 뒤 10만 원으로 상승한다면 그만큼 돈값은 떨어지는 겁니다. 같은 돈으로 살 수 있는 것이 점점 줄어드는 현상이니까요. 이에 각국 중앙은행이 푼 돈을 다시 거둬들이기 위해, 다시 말해 돈값을 높이기 위해 금리 인상을 시도했습니다.

2022년, 각국 중앙은행은 기준금리를 올리고 있습니다. 과연 돈값인 금리는 얼마나 오를 수 있을까요? 21세기 들어 확고해진 메가트렌드 '초저금리'에서 벗어날 수 있을까요? 저는 개인적으로 불가능하다고 봅니다.

투자는 자산이 '어디서' 놀지를 결정하는 일

현대 사회의 경제는 화폐경제이자 신용경제입니다. 화폐경제는 화폐를 매개로 경제 행위가 일어나는 구조입니다. 문제는 그 화폐 대부분이 '빚'이란 사실입니다. 신용경제란 좁혀 말하면 '빚'으로 움직이는 경제 구조를 말합니다. 오늘을 사는 우리는 누구라 할 것 없이 부채를 안고 삽니다. 빚이 전혀 없는 사람은 극히 드뭅니다. 하다못해 신용카드라도 쓰니 말입니다. 신용카드를 긁는 순간 우린 카드사에 한 달 후 갚아야 할 빚을 집니다.

한국의 GDP 대비 가계부채 비율은 2021년 2분기 기준 104.2%에 달합니다. 국제결제은행 BIS 통계에 따르면 한국의 민간 부문, 즉 기업과 가계가 짊어진 빚은 2021년 3분기 기준 GDP 대비 217%에 이릅니다. 미국은 어떨까요? 2021년 7월 기준 GDP 대비 가계부채 비율은 79%, 2020년 말 기준 GDP 대비 민간부채 비율은 164% 정도입니다.

GDP란 특정 국가 내에서 1년 동안 생산된 최종생산물의 시장 가치 합을 말합니다. 대부분 국가의 민간부채는 이미 그 국가가 1년 동안 생산하는 생산물의 가격 총합을 넘어섰습니다. 이런 상황에서 금리를 올리면 어떻게 될까요? 만약 대폭 올린다면 수많은 가계와 기업이 파산할 겁니다. 빌릴 때는 2% 금리였는데 올라서 10% 이자를 내야 한다면 무려 5배에 달하는 이자를 내야 하니까요. 30만 원 이자를 내던 사람은 150만 원을 내야 합니다. 별거 아니라 생각할 수도 있지만 빌린 액수가 커질수록 이자 부담은 가중됩니다. 100억 이자를 내던 기업은 500억을 내야 하니다. 과연 버틸 수 있을까요?

초저금리는 경제를 살릴 목적으로 시행됩니다. 하지만 동시에 빚을 무서워하지 않는 세상을 만들기도 합니다. 그러는 순간 대부분의 경제 주체가 빚의 함정에 빠집니다. 동시에 경제 역시 빚에 의존하는 체제가 됩니다. 빚을 낼 수 없거나 내기 힘들어 빚 규모가 줄어들면 경제가 멈추는 '빚 경제'가 되는 거지요.

이런 상황에서 금리를 대폭 올리는 정책은 경제를 파국으로 이끄는 악수가 될 수밖에 없습니다. 금리가 오를 수는 있습니다. 다만, 한계가 있다는 거지요. 한번 초저금리의 늪에 빠진 경제는 좀처럼 그 늪에서 벗어나기 힘듭니다. 이런 상황에서 금리는 연착륙을 위한 수단으로써만 기능합니다. 다시 말해, 과열된 경제를 약간 식힐 정도로만 금리를 올릴 수 있습니다. 20세기의 고금리 시대는 21세기엔 불가능합니다. 경제 주체의 빚이 너무 과중한 상태이기 때문입니다.

이런 상황에서 노동 임금과 안전한 상품(예·적금)에 의존하는 것은 어리석은 선택일 수 있습니다. 초저금리 자체가 본질적으로 위험자산 투자를 부추기기 때문입니다. 적극적인 투자만이, 다시 말해 자신이 가진 돈의 가치를 높일 방법을 스스로 찾는 것만이 보유한 돈을 지킬 유일한 수단이 되었습니다. "Money never sleeps"란 말은 "돈은 결코 잠들지 않는다"라는 뜻이 아닙니다. 과거 고금리 시대에는 돈이 스스로 일을 해서 몸집을 불렸습니다. 예금이나 적금만 들어놔도 자산이 불었지요.

하지만 그런 시대는 이미 갔습니다. 이제는 돈이 일을 할 수 있도록 주인이 노력하고 경주해야 하는 시대입니다. 돈이 일을 할 수 있는 곳을 주인이 적극적으로 찾아주고 일할 환경을 만들어줘야 한다는 말입니다. 돈이 일할 수 있는 투자처를 골라내야 하는 시대입니다.

노동은 더 이상
생계를 보장하지 않는다

20세기까진 노동이 많은 부분을 해결해줬습니다. 먹거리도, 집도, 안락한 노후도 웬만한 기업에 근무하는 사람이라면 해결됐습니다. 현재 대부분의 50대 후반, 60대는 그렇게 살아왔습니다. 열심히 일을 하고 저축을 하면 집 장만도 가능했습니다. 정년도 특별한 경우가 아니면 보장됐지요. 물론 전부가 그런 건 아닙니다. 어느 정도 규모가 되는 기업에 근무했거나 공직에 있던 사람, 혹은 자영업으로 일가를 이룬 사람 얘기입니다.

이들에겐 별다른 투자 없이 비교적 풍족한 노후가 보장됐습니다. 물론 부동산을 보유한 사람은 부자가 됐습니다. 이들 중 다수는 운이 좋았습니다. 투자를 염두에 두지 않고 그저 주거 목적으로 산 집이 폭등했기 때문입니다. 시간과 시대가 이들이 보유한 자산 가격을 높여준 셈이죠.

21세기 들어 상황은 달라졌습니다. 초저금리는 노동 소득만으로 자산 가치 증가 속도를 따라가지 못하도록 만들었지요. 무엇보다 정년이 보장되는 안전한 일자리를 구하기가 하늘의 별 따기만큼 힘듭니다. 이런 상황에서 노동 임금만으로 미래를 설계하기는 불가능합니다.

열심히 일해도 여전히 불안한 당신

2022년 초 기준금리가 오르면서 예·적금 금리가 오르긴 했습니다. 하지만 특판 예·적금을 제외하면 시중 은행 적금 이자는 대체로 연 3%에 미치지 못합니다. 예금 금리는 연 2%대 수준입니다. 물론 금리가 오르면 예·적금이 주목을 받는 건 사실입니다. 하지만 금리가 오르는 데는 한계가 있습니다.

한국은 이미 선진국입니다. 선진국이 됐다는 것은 고도성장기가 끝났음을 의미합니다. 쉽게 설명하면, 우등생의 성적은 오르는 데 한계가 있습니다. 수학을 90점 이상 맞는 학생은 성적을 올리기가 쉽지 않습니다. 성장 또한 같습니다. 개발도상국은 고도성장이 가능하지만 미국이나 독일, 한국과 같은 선진국은 성장률을 높이기가 매우 힘듭니다. 게다가 한국은 전 세계에서 출산율이 가장 낮습니다. 그만큼 잠재 성장률이 낮아질 수밖에 없지요. 무엇보다 한국의 가계부채는 선진국 최고 수준입니다.

이런 상황에서 금리가 얼마까지 오를 수 있을까요? 금리가 오르면 그렇지 않아도 과중한 빚더미에 올라 있는 한국 가계와 기업은 치명타를 입습니다. 소비는 줄고 투자는 급감하지요. 성장을 담보할 수 없는 상황이 됩니다. 중앙은행과 정부는 이런 현실을 누구보다 잘 알고 있습니다. 따라서 금리 상승은 지속될 수 없다고 추론하는 게 합리적입니다. 아무리 올라도 기준금리가 3% 이상 되기는 어려울 겁니다. 무엇보다 향후 경기 침체가 온다면 금리는 다시 내려갈 수밖에 없습니다. 초저금리는 이제 숙명이 됐습니다.

노동 소득을 예·적금으로 불리던 시대는 갔습니다. 그나마 노동이 정년까지 보장되면 다행인데 그렇지도 않습니다. 노동이 안락한 삶을 보장하던 시대는 끝난 것입니다.

인플레이션 시기,
무언가는 반드시 오른다

2008년 금융위기 이래 유독 크게 성장한 부문이 있습니다. 바로 자산시
장입니다. 전 세계 부동산과 주식시장이 크게 올랐습니다. 가상화폐시장
도 마찬가지입니다. 돈은 스스로 증식하려는 본능을 갖고 있습니다. 그
런데 초저금리라는 메가트렌드가 돈의 증식 방식을 바꿔버렸습니다. 이
제는 예·적금 등 안전자산으로 얻을 수 있는 수익만으로는 만족할 수 없
게 되었지요. 충분히 증식하지 못하기 때문입니다. 돈은 높은 수익을 찾
아 움직입니다. 그런데 높은 수익에는 리스크가 따릅니다. 하지만 대부
분은 이미 값이 싸진 돈을 그냥 갖고 있는 것보다 위험을 감수하는 게 훨
씬 나은 선택이라 생각합니다.

　인플레이션은 화폐 현상입니다. 돈의 절대량이 늘어나면 인플레이션
은 불가피합니다. 공급이 늘면 가격은 떨어집니다. 돈 역시 마찬가지입
니다. 돈 가격이 떨어지면 같은 돈을 주고 살 수 있는 '무언가'의 가격이
오릅니다. 이렇듯 인플레이션은 대부분 돈 공급이 늘어 발생합니다.

인플레이션이 발생할 때 해야 할 일

사실 21세기 들어 한동안 인플레이션은 사라진 것처럼 보이기도 했습니다. 하지만, 2021년 하반기에 들어서고 전 세계 물가가 들썩였지요. 미국의 물가는 2022년 3월 기준 전년 동월보다 8.5% 정도 올랐습니다. 같은 기간 한국의 인플레이션율은 4.1% 정도입니다. 물론 이 같은 고물가 현상이 코로나 팬데믹 이후 뿌려진 돈 때문만은 아닙니다. 러시아의 우크라이나 침공으로 인한 에너지 및 곡물 가격 상승도 한몫했습니다. 팬데믹 이후 불거진 공급망 혼란도 하나의 요인이었지요. 하지만 천문학적으로 공급된 돈이 가장 강력한 인플레이션 요인이라는 점은 부정할 수 없습니다.

인플레이션은 돈의 가치가 하락하는 현상입니다. 인플레이션이 발생할 때 현금을 손에 쥐고 있는 것은 어리석은 선택입니다. 돈의 공급이 늘면 반드시 무언가는 오릅니다. 인플레이션 통계에 잡히는 생필품이 될 수도 있고 잡히지 않는 주식이 될 수도 있습니다. 주식이 오르는 현상도 인플레이션입니다.

돈의 양은 '무언가'의 가치를 결정하는 가장 중요한 변수란 사실을 기억해야 합니다. 중앙은행이 돈을 풀면 '무언가'의 가치는 오릅니다. 이럴 때 가만히 있지 말고 오를 가능성이 있는 무언가에 투자하는 게 합리적입니다.

세상이 '투자'를 시대정신으로 삼게 된 데에는 자본주의의 속성이 작용했습니다. 자본주의는 경쟁을 기반으로 합니다. 승자의 축배를 당연하게 생각합니다. 경쟁은 각자도생을 강조하지요. 자본주의 세상은 패자에게 너그럽지 않습니다. 자본주의는 능력을 돈으로 치환합니다. 그것이 좋은 세상이랄 수는 없겠지만, 현실을 살아가는 우리는 그에 적응해야 하겠지요. 모두가 꿈꾸는 '경제적 자유'는 냉철한 혈실 인식을 바탕으로 가능할 테니까요.

3장

부자는 어떻게 탄생되는가

$ 경제적 자유에 필요한 최소한의 돈

$ 나만은 돈을 벌 거라는 착각에서 벗어나라

$ 자유를 향한 도약, 퀀텀점프

경제적 자유에
필요한 최소한의 돈

"경제적 자유란 뭘 말하는 거지?"
"돈에서 자유로운 사람을 말하는 거 아니니?"
"그렇지. 그런데 오늘을 살면서 돈에서 자유로운 사람이 과연 있나?"

개인적으로 저는 부자를 '더 이상 돈이 필요 없는 사람'이라 생각합니다. 실제 소유한 자산 규모와 무관하게 돈에서 자유로운 사람 말이죠. 수천억 원, 수조 원을 갖고도 더 벌려 애를 쓰는 사람은 부자가 아니라 생각합니다. 무언가를 갈망한다는 것은 무언가가 '결핍'하다는 뜻입니다. 가진 재산이 아무리 많아도 더 많은 돈을 갈구한다면 그는 여전히 결핍 상태인 겁니다. 돈이 부족한 사람이란 말이죠. 따라서 부자라 할 수 없습니다.

다만, 돈에서 자유롭다는 말이 돈을 버는 모든 행위를 중단한다는 얘기는 아닙니다. 자신이 진정으로 좋아하는 일을 할 때 자연스레 따라오는 돈은 예외입니다. 그는 돈을 벌기 위해 일을 하는 게 아니라 그저 자신이 좋아하는 일을 할 뿐인데 돈이 따라오기 때문입니다. 글을 쓰거나 그림 그리기를 좋아하는데 작품이 인기를 끌어 생기는 수입, 빵을 굽거나 커피 끓이는 걸 좋아하는 사람이 카페를 운영해 버는 수입, 남에게 지식을 전달하길 좋아하는 사람이 유튜브 채널을 운영해 버는 수입 등등은 스스로 원해서 하는 일에 따라오는 부수적 수입입니다. 이런 사람은 돈에서 자유로운 사람이지요. 그는 '부자'입니다.

경제적 자유가 돈에서 해방된 삶을 의미한다면 더 이상 돈을 벌려 아등바등하지 않는 사람이 여기에 해당될 겁니다. 돈의 많고 적음과 무관하게 돈에 더 이상 얽매이지 않고 자유로울 수 있다면 그는 이미 경제적 자유를 획득한 '부자'일 테지요.

상대적으로 가난해도 돈에서 자유로울 수 있습니다. 산속에 들어가 '자연인'이 된 분들이 대표적입니다. 이분들은 살아가는 데 큰돈이 들지 않지요. 텃밭에 채소를 키워 뽑아 먹고, 닭을 키워 단백질을 섭취합니다. 돈을 벌려 애를 쓰기보다는 어떻게 하면 행복할까를 고민합니다. 이런 분들은 '경제적 자유'를 얻은 분들입니다. 세상 사람들이 부자라 부르지 않아도 이들은 '부자'입니다. 반면, 수십억 원의 재산을 갖고도 여전히 더 많은 돈을 벌려 애를 쓰는 사람들이 있습니다. 그들은 돈을 버는 데 자신의 시간과 노력을 아낌없이 투자합니다. 이들은 부자일까요? 세상 사람들이 말하는 부자이긴 해도 '경제적 자유'를 얻은 진정한 '부자'는 아닐 겁니다.

우리는 모두 경제적 자유를 꿈꾼다

'파이어족'이란 말을 들어봤을 겁니다. 영어 문구 'Financial Independence, Retire Early'의 약자로, 재무 독립, 조기 은퇴를 뜻합니다. 재정적으로 독립해 빨리 은퇴하고 여생을 즐기는 사람이라는 뜻입니다. 결국 파이어족은 경제적 자유를 얻은 사람입니다. 돈에서 해방된 사람이죠.

왜 굳이 '은퇴'를 강조한 걸까요? 대부분의 사람에게 직업으로서의 '일'은 고역입니다. 북적이는 지하철을 타고 몇 시간을 시달릴 생각, 상사의 잔소리, 밀린 업무, 동료들과의 지독한 경쟁을 생각하면 현기증이 납니다. 당장이라도 사표를 내고 싶지만 그럴 수 없습니다. 부양해야 할 가족이 있고 갚아야 할 대출금이 산더미입니다. 한데, 돈 나올 곳은 근로 소득뿐입니다. 일은 하기 싫지만 해야 하는 '의무'가 돼버렸습니다.

은퇴는 하고 싶지 않은 일에서 우리를 해방해줍니다. 다시 말해, 경제적 자유란 하고 싶지 않은 일을 더 이상 하지 않을 자유를 얻는다는 뜻입니다. 상사에게 머리를 조아릴 필요도 없고, 동료와 더 이상 경쟁하지 않아도 됩니다. 출퇴근의 고통도 없고, 전세를 살면서 여기저기 이사 다니지 않아도 됩니다. 하고 싶지 않은 건 언제든 거부하거나 하지 않을 자유를 갖는 겁니다. 하고 싶은 일만 할 수 있는 자유는 모두의 꿈이죠.

이를 위해서는 현실 세계에서 과연 얼마가 필요할까요? 이 또한 객관적인 기준은 없습니다. 사람마다 씀씀이가 다르니까요. 누구는 강남 고급 아파트에 살고 슈퍼카를 몰아야 행복합니다. 또 누군가는 한적한 시골에서의 유유자적한 삶을 원하겠지요. 경제적 자유를 얻을 수 있는 돈의 액수는 천차만별입니다.

4%의 법칙

그렇지만 최소한의 기준은 있습니다. 원치 않는 일을 하지 않으면서도 벌어들이는 수익이 자신의 씀씀이보다 더 많으면 됩니다. 연간 씀씀이 규모가 5000만 원이라면 원치 않는 일을 하지 않으면서도 생기는 수익이 그보다 크면 됩니다. 어떤 사람은 연 2000만 원 있어도 행복하게 살 수 있습니다. 이 사람의 경우 연 2000만 원 이상의 수익원이 있으면 되겠지요. 다만, 그 수익원이 평생 유지될 수 있어야 합니다. 수익원이 어떤 것이든 상관없습니다. 자신이 좋아하는 일을 하며 벌 수도 있고, 목돈을 은행에 예금해 이자를 얻을 수도 있습니다. 혹은 부동산 임대 소득이 될 수도 있겠지요.

'4% 룰'이란 게 있습니다. 연 지출액의 25배 순자산이 있다면 평생 돈 걱정을 하지 않을 가능성이 크다는 연구에서 나온 법칙입니다. 1999년 미국 트리니티대학 경제학과 교수들의 논문에서 비롯했는데, '투자금(은퇴 자금)을 주식 100%나 주식 75%, 채권 25%에 넣어두고 매년 4%만 인출했더니 30년 동안 은퇴 자금이 고갈되지 않을 확률이 98% 이상이었다'고 합니다.

이 결론이 의미하는 바를 역으로 분석해보면, 이런 식의 투자로 연 실질 수익률 4% 이상이 가능하다는 사실이 도출됩니다. 실질 수익률이란 인플레이션 수치를 차감한 수익률을 말합니다. 인플레이션이 연 2%라면 실제론 6% 정도 수익률을 냈다는 말이죠. 물가가 오름에 따라 생활비가 늘어나는 것까지 고려한 연구라는 겁니다.

연구의 핵심은 연간 생활비의 25배만 있다면 더 이상 원치 않는 일을 하지 않아도 생활이 가능하다는 부분입니다. 연 생활비가 4000만 원인 사람이 10억 원만 있다면, 연 생활비가 2000만 원인 사람이 5억 원만 있다면 경제적 자유가 가능하다는 말이지요.

하지만 이 연구엔 함정이 있습니다. 은퇴자를 대상으로 연구를 진행해 은퇴 후 사망까지 기간을 30년으로 한정했다는 겁니다. 요즘은 이른 나이에 은퇴를 꿈꾸거나 실제로 하는 사람이 느는 추세지요. 이 경우엔 위 연구가 들어맞지 않을 가능성이 있습니다. 그래서 다른 연구들이 진행됐습니다. 은퇴 후 사망까지 기간을 30년에서 50년으로 늘리면 어떻게 될까요? 망하지 않을 확률이 80%로 떨어졌습니다. 물론 트리니티대학 연구의 가정을 그대로 적용하고 기간만 30년에서 50년으로 늘린 결과입니다.

또 다른 함정도 있지요. 트리니티대학 연구진은 자금을 전부 주식과 채권에 투자한다고 가정했습니다. 하지만 은퇴 자금 전부를 주식, 채권 등에 계속 묻어두는 선택은 위험할 수 있습니다. 시장에는 언제나 불확실성이 존재하기 때문입니다. 개별 주식이나 채권은 언제든 휴지가 될 수 있습니다. 부동산과 같은 비교적 변동성이 덜한 자산에 투자하는 경우를 배제했다는 점은 아쉬움이 남습니다.

그럼에도 불구하고 이 연구는 가치가 있습니다. 일단 경제적 자유에 필요한 돈의 객관적 기준을 제시했다는 점에서 그렇습니다. 사실, 투자로 실질 수익률 4%를 꾸준히 내기는 어렵지만 불가능하지도 않습니다. 단기적으론 목표 수익률에 못 미치는 성과를 낼 수도 있지만 장기적으론 그 이상의 수익을 낼 수 있습니다. 단, 현명한 투자자라야 가능하겠지요.

나만은 돈을 벌 거라는
착각에서 벗어나라

오늘도 수많은 사람이 투자를 하지만 성공하는 사람은 손에 꼽습니다. 그만큼 '현명한 투자자'가 되는 게 어렵다는 얘기겠지요.

왜 그럴까요? 우리나라는 투자와 돈 교육이 미흡합니다. 유교 문화의 전통에 영향을 받았기 때문이라고 봅니다. 사농공상 士農工商 이라는 유교의 신분 제도는 직업을 기준으로 귀천을 결정했습니다. 관리를 포함한 지식 계층 전체를 가장 귀한 존재로 인식했고, 반대로 상업 이익을 취하는 '상'을 천하다 본 거지요. 사실 1970년대 산업화가 본격적으로 시작되기 전까지 이런 식의 사고가 우리 사회를 지배했다고 해도 과언이 아닙니다. 한국의 산업화 역사는 50년이 조금 넘었습니다. 돈에 대한 인식의 변화가 일천하다는 얘기입니다.

무엇보다 한국의 경제 성장은 지극히 압축적이었습니다. 산업화로 이처럼 단기간에 선진국 반열에 올라선 국가는 한국이 거의 유일합니다. 압축이란 당연히 거쳐야 하는 과정이 생략됐다는 얘기이기도 합니다. 투자 역시 같습니다. 일반인들이 투자의 개념을 정립하기도 전에 한국의 자본시장, 자산시장은 너무 빨리 성장해버렸습니다. 2000년대 이전까지만 해도 투자는 극소수의 전유물이었습니다. 현재와 같이 투자가 거의 모든 사람의 관심을 끌면서 일반화된 시기는 2008년 금융위기 이후라고 봐야 합니다. 이제 겨우 10여 년이 갓 넘은 겁니다.

투자자는 폭증했지만 이들 대부분이 투자와 돈 공부가 미진한 채로 참여했습니다. 친구 따라 강남 가듯 가까운 동료나 친지가 돈을 벌었다 하니 별다른 준비 없이 시장에 뛰어들었지요. 공부라고 해봐야 넘쳐나는 재테크 책 몇 권 읽고 유튜브 강의 몇 번 들은 게 전부입니다. 스스로 판단할 자신이 없으니 남의 말만 믿고 투자에 나선 셈입니다. 별다른 고민도, 위험 분석도 없이 투자에 나선 이들의 성적은 어떨까요? 십중팔구 실패가 예정되었다고 할 수 있습니다.

투자의 두 얼굴을 직면하라

왜 우리는 '자유'를 꿈꾸는 걸까요? 우리는 태어나면서부터 무엇을 하라는 권고를 받고, 잘했다는 칭찬보다는 무엇을 하지 말라는 통제 혹은 잘못했다는 나무람을 더 많이 듣습니다. 자라면서는 각종 규제와 법에 길들여지죠. 세상은 온통 나를 얽어매는 것으로 가득합니다. 그럴수록 내 의지대로 의사 결정을 할 수 있는 자유를 갈망하는 마음은 깊어집니다.

문제는 경제적 요인이 그 자유를 제약하는 가장 큰 장애물이란 거죠. 따라서 자유를 원한다면 가장 먼저 경제적 자립을 넘어 경제적 자유를 획득해야 합니다. 그렇다고 세상 모든 것에서 자유로울 수는 없겠지만 최소한 우리를 얽어매는 가장 큰 족쇄 하나는 벗어던질 수 있습니다. 그 것만으로도 충분히 행복한 삶을 살 수 있다고 봅니다.

한데, 이쯤에서 자유의 또 다른 속성을 살펴볼 필요가 있습니다. 혹 우리는 자유의 달콤한 측면에만 지나치게 빠진 건 아닐까요? 자유는 때론 매우 위험합니다. 진정한 자유란 자신의 의지대로 행동할 수 있는 상태입니다. 자신의 의지대로 행동했기에 그 결과의 책임 역시 온전히 자신이 져야 합니다. 이는 매우 무서운 일이기도 합니다.

투자가 집중되는 자산시장은 위험하다고들 얘기합니다. 맞습니다. 어떤 금융시장이든 승자의 비율은 생각보다 높지 않습니다. 그런데도 우리는 왜 이런 시장에 참여할까요? 단순히 '나'만은 돈을 벌리라는 무모한 자신감 때문만은 아닐 겁니다. 저는 그것을 인간의 본능 중 하나인 자유, 특히 경제적 자유를 빨리 얻고 싶어 하는 갈망 때문이라고 생각합니다. 자산시장은 최소한의 규칙만 준수하면 모든 선택을 내 의지대로 할 수 있습니다. 사고파는 행위가 온전히 내 몫입니다. 누구도 나보고 사라거나 팔라고 하지 않습니다. 온전히 내 자유의지에 따라 행동할 수 있지요. 하지만 그 행동에 따르는 책임 역시 내 몫입니다. 그래서 위험하다고 하는 겁니다.

투자란 본질적으로 위험을 떠안는 행위입니다. 이를 깊이 인식할 필요가 있습니다. 100% 성공하는 투자는 이 세상에 존재하지 않습니다. 수익의 크기는 위험의 크기와 비례한다고 봐야 합니다. 그렇다면 우리는 어떻게 해야 할까요? 위험이 두려워 투자를 포기해야 할까요? 아니면 충분한 준비와 공부의 과정을 거쳐 성공의 확률을 높여야 할까요? 선택은 각자의 몫입니다.

현명한 투자자는 자신만의 원칙을 세운다

투기의 영어 단어는 'speculation'입니다. 이 단어엔 또 다른 의미가 있지요. 바로 '심사숙고'입니다. 얼핏 어울리지 않는 뜻을 동시에 담는 듯 보입니다. 하지만 이 둘은 묘하게 어울립니다. 굉장한 의미를 담고 있지요. 투기란 돈을 벌겠다며 물불 가리지 않고 달려드는 무분별한 욕심이 아니라 고통스러울 만큼 힘든 심사숙고의 과정을 거친 행위라는 겁니다.

대부분의 모험가는 자유로운 영혼의 소유자입니다. 하지만 이들 역시 준비 없이, 심사숙고의 과정 없이 모험을 하지 않습니다. 히말라야 등반을 하려고 몇 달에서 몇 년에 걸친 준비를 합니다. 투자 역시 모험과 다르지 않습니다. 자산시장은 준비 없이 들어온 자를 용서하지 않습니다. 투자란 참여자의 온전한 책임을 전제로 한 심사숙고의 과정임을 잊으면 안 됩니다.

위험하다는 걸 안다면 그 위험 중 상당 부분은 피해갈 수 있습니다. 지진이 언제 발생할지, 폭풍이 언제 올지 알면 대피가 가능하듯 말입니다. 이 책은 그래서 썼습니다. 초보 투자자가 반드시 알아야 할 원칙을 말해주고자 했습니다. 이것만 알아도 투자에서 발생할 수 있는 수많은 위험을 상당 부분 줄일 수 있다고 저는 믿습니다. 강조하지만, 이 책은 비법을 담지 않습니다. 누구나 돈을 벌 수 있는 방법은 이 세상에 존재하지 않습니다. 우리가 할 수 있는 최선은 각자 자신의 투자 원칙을 세우는 겁니다. 경제적 자유는 독립적 인간이 되는 걸 의미하기도 합니다. 수많은 공부를 하며 자신만의 원칙을 세운 독립적 투자자가 마침내 성공합니다. 모두가 경제적 자유인이 될 수 있기를 소망합니다.

자유를 향한 도약,
퀀텀점프

"반드시 엉덩이로 승부 걸어야 하는 시기가 있고 그 시간이 지나야 퀀텀 점프가 가능하다."

퀀텀점프란 원래 물리학 용어로, 양자가 불연속적으로 도약하는 현상을 말합니다. 원자 등 양자는 에너지를 흡수해 다른 상태로 변화할 때 서서히 변하지 않고 일정 수준에서 급속도로 변화합니다. 양질 전환의 법칙과 비슷하죠. 물이 끓어 기체로 변할 때까지는 시간이 필요합니다. 하지만 어느 순간 액체는 순식간에 기체로 변하지요. 질적인 변화로 이어질 만큼 양이 쌓이려면 '시간'이 필요합니다.

요즘 청년들은 이를 경제적 의미로 많이 씁니다. 혁신을 통해 한계를 뛰어넘고 도약하는 순간을 설명할 때 이 용어를 씁니다. 성장의 결실은 노력에 따라 연속적으로 나타나지 않고, 한 번에 폭발하듯 실현된다는 겁니다. 성장 곡선이 선형적으로 그려지는 게 아니라 갑자기 몇 단계를 뛰어오르는 모습이 '퀀텀점프'를 연상시킨다는 거죠.

누구나 인생에서 퀀텀점프를 꿈꿉니다. 갑자기 부자가 되기를 바라죠. 하지만 분명히 퀀텀점프는 아무런 노력이나 대가를 지불하지 않고는 가능하지 않습니다. 모든 게 그렇습니다. 공부도 어느 날 갑자기 1등을 할 수는 없습니다. 피아노를 잘 치려면 수많은 연습이 필요합니다. 김연아 선수의 결과물은 말 그대로 혹독한 훈련의 대가였습니다. 피카소는 2만 점이 넘는 작품을 그려 대가가 되었고, 에디슨은 무려 1,039개의 특허를 신청한 후에 발명왕이 됐습니다.

부자 역시 같습니다. 부모님의 덕을 보지 않고 자수성가한 대부분의 사람은 성실합니다. 남들보다 엉덩이가 무거운 사람, 즉 몇 배 몇십 배의 땀을 흘린 사람이 부자가 됩니다. 자신의 길을 묵묵히 하루하루 걸어온 이들이 어느 날 마침내 '퀀텀점프'를 이루지요. 그게 부동산이든 주식이든, 아니면 기타 자산이든 크게 불어나는 경험을 하게 됩니다.

기회는 반드시 온다

"야! 상순이가 벼락부자가 됐대. AAA 주식이 10배가 올랐단다."
"야! 철수 횡재했대. 얼마 전 산 아파트 주변으로 GTX가 들어온단다."

주변 사람들의 대표적 반응입니다. 퀀텀점프를 이룬 사람을 '벼락부자'라 표현하고 부자가 된 이유를 '횡재'라 말합니다. 퀀텀점프를 '노력'이 아닌 '운'으로 치부해버리죠. 과연 그럴까요? 분명 운도 작용했을 겁니다. 하지만 그 운을 자신의 것으로 만들려면 노력과 치열함이 필요합니다. 대부분의 사람은 이를 무시합니다. 그래서 부자가 되지 못하는 겁니다.

"누구에게나 인생에서 세 번의 기회는 온다. 그것을 잡느냐 놓치느냐에 따라 인생은 크게 달라진다."

어른들이 자주 하는 말입니다. 저도 동의합니다. 이 말이 우리네 인생을 축약해놨다고 생각합니다. 지독히 불운한 사람에게도 기회는 반드시 옵니다. 문제는 그 기회를 인식하고 잡을 능력이 있는지 여부입니다.

부동산 규제 완화가 시행되면 강남 요지의 재건축 아파트 가격이 오른다는 사실을 대부분 압니다. 예를 들어, 코로나 팬데믹의 유행으로 주가가 폭락한 상황에서 중앙은행과 정부는 돈을 풀어 경기를 진작시켜야 합니다. 따라서 향후 주식시장, 특히 전기차나 정보통신기술 기업의 주가는 오를 가능성이 매우 높습니다.

이를 기회라 인식해야겠지요. 기회를 기회로 인식할 수 있으려면 평소에 공부가 되어 있어야 합니다. 어떤 경우에 부동산이 오르고 어떤 경우에 주식이 오르는지 연구가 되어 있어야 한다는 겁니다. 만약 그런 공부가 안 되어 있다면 이를 기회라 인식하지도 못하고 그냥 흘려보낼 겁니다. 하지만 충분히 공부한 사람이라면 이를 기회로 인식하고 잡으려 하겠지요. 비슷한 처지에 있더라도 기회를 인식하는 사람과 그러지 못하는 사람의 부는 이때 극명하게 갈립니다. 누군가는 퀀텀점프를 하고 누군가는 제자리걸음을 하겠지요.

기회를 기회로 인식했다면 '돈'이 있어야 합니다. 돈이 없다면 말짱 도루묵입니다. 그래서 '종잣돈'이 중요한 겁니다. 강남 재개발 아파트를 사려면 최소한 수십억이 있어야 합니다. 레버리지를 일으키려면 신용도 좋아야 하겠지요. 주식시장 투자 역시 마찬가지입니다. 100만 원을 투자했다면 50% 이익을 거뒀다 해도 수익은 50만 원에 불과합니다. 용돈 정도를 번 것에 만족해야 합니다. 만약 1억 원을 투자했다면 수익은 5000만원이 되겠지요. 레버리지를 써서 2억 원을 투자했다면 1억 원을 벌게 됩니다. 투자 액수가 클수록 수익은 커집니다.

퀀텀점프는 누구에게나 열려 있지만 아무나 할 수는 없습니다. 준비된 사람에게만 찾아옵니다. 남들이 보기에 아무리 초라해 보이는 노력이라도 무언가를 꾸준히 한다면 깊은 뿌리를 내리는 셈입니다. 그것이 쌓여 언젠가는 퀀텀점프를 이루죠. 인생은 속력이 아니라 방향입니다. 지루하고 고통스러워도 방향을 유지하며 계속할 때 속력도 마침내 빨라집니다. 운은 선물처럼 찾아옵니다.

벼락부자는 없습니다. 부자가 되려면 일단 선형적인 노력을 해야 합니다. 열심히 일을 하면서 차곡차곡 돈을 모으고, 공부를 계속하다 보면 '비선형적 점프'의 순간이 찾아옵니다. 그렇게 부자가 탄생하는 겁니다. "이렇게 모아 언제 부자가 되지?"란 불평 대신 "이렇게 노력하다 보면 내게도 퀀텀점프의 순간이 찾아올 거야!"란 믿음을 가지세요. 엉덩이가 무거워야 일가를 이룰 수 있습니다. 부자 역시 그렇습니다.

한국의 버블 2.0:
늘어나는 가계부채, 이대로 괜찮을까?

어떤 붐(호황)이든 생길 때는 그 실체가 철저히 은폐된다. 주식이든 코인이든 부동산이든 활활 타오를 때 지나치게 높은 평가는 정당화된다. 본질적 가치는 각종 논리로 무시되기 일쑤다. 장밋빛 미래는 현실의 그림자를 지우는 가장 좋은 도구다. 자고 일어나면 불어나 있는 자산을 보며 대중은 뒤처지면 추락한다는 두려움에 휩싸인다. 거의 모든 사람이 매수자가 되기 마련이다. 능력은 나중 문제다. 무리해서라도 매수자가 돼야 한다. 가진 돈이 없으면 빌리면 된다. 은행은 부채질한다(······)

2008년 금융위기는 주택시장 거품 형성과 붕괴라는 '붐—버스트boom-burst 사이클'의 전형이었다. 2000년 초부터 몰아친 미국 주택시장 붐의 핵심은 무분별한 신용 남발이었다. 파티는 언젠간 끝난다는 명백한 진실, 그리고 신용 확대는 위험하다는 경고는 '흥겨움을 앗아간다'는 혹독한 비판에 가려졌다. 그 끝은 뻔했지만, 대부분 무시하거나 외면했다. 대가는 참혹했다. 미국만이 아닌 전 세계가 깊은 침체를 장기간 경험했다. 인간은 과거의 고통에서 자유로울 수 없지만, 어떻게든 빨리 잊으려 한다. 인간이 만들어내는 경제도 같다. 붐은 언젠간 파괴된다는 진리가 쉽게 잊히고, 붐—버스트 사이클은 재개된다. ― 한겨레신문, 2022.07.09

한국의 가계부채가 심각하다는 얘기를 들어봤을 겁니다. 하지만 일반인에게는 그저 남의 나라 일처럼 들릴 수도 있습니다. "그래서 뭐가 문젠데? 나는 별일 없이 잘살고 있는데……" 혹은 "정부가 알아서 잘하겠지. 설마 무슨 일이 벌어지겠어……"라 생각할 수 있죠.

하지만 2008년 금융위기가 미국이라는 세계 최대 경제국, 선진국에서 발생했다는 사실을 알아야 합니다. 미국이 금융위기를 피할 수 없다면 하물며 다른 나라는 말할 것도 없습니다. 이 세상에 금융위기에서 완전히 자유로운 나라는 없습니다. 과연 한국의 가계부채는 금융위기로 비화할까요? 가능성이 전혀 없다고 무시하기엔 한국의 가계부채 총량과 질 모두가 악성입니다.

2022년 1분기 기준 한국의 가계부채는 세계 36개 주요국 중 유일하게 국내총생산GDP 을 넘어섰습니다. 국제금융협회 IIF 의 보고서 〈세계부채모니터〉 기준입니다. 가계부채가 GDP의 자그마치 104.3%입니다. 레바논이 2위로 97.8%, 홍콩이 3위로 95.3%입니다. 금융위기를 초래했던 미국은 76.1%에 불과합니다. 지난 몇 년 부동산 붐이 활화산처럼 타올랐던 중국도 62.1%에 불과합니다.

더 큰 문제는 가계부채 증가 속도입니다. 한국은행이 2021년 9월 초에 발표한 〈통화정책보고서〉를 보면 한국은 42개 주요국 중 가계부채 증가 속도가 세 번째입니다. 우리나라 가계부채 비율은 2018년 4분기 대비 2021년 1분기까지 13.2%포인트 늘었습니다. 우리보다 증가 속도가 빠른 나라는 홍콩과 노르웨이로 각각 18.5%포인트, 15.3%포인트였습니다.

대체 왜 이렇게 늘어났을까요? 그런데, 한국의 가계부채는 거의 주택 관련 부채라는 사실에 주목해야 합니다. 주택담보대출, 전세보증대출 등이 한국 가계부채 급증의 이유입니다. 2014년부터 이어진 주택시장 붐은 집 없는 이들을 '벼락거지'로 만들었습니다. 자고 일어나면 오르는 주택 가격을 보며 무주택자가 '지금 집을 사지 않으면 영원히 살 수 없다'란 공포감을 느끼는 건 당연합니다.

부동산에 집중된 가계부채, 경제 악순환의 고리

사실, 글로벌 금융위기를 유발하고 직격탄을 맞았던 나라들은 이후 가계부채를 크게 줄였습니다. 미국은 물론 아일랜드, 스페인 등이 대표적입니다. 반면, 한국은 딴 세상이었습니다. 유독 가계부채를 키웠습니다. 보통 가계부채가 GDP의 80% 정도가 되면 경제 성장을 저해한다고 보는데, 우리나라는 이미 그 수준을 한참 넘었습니다. 부동산시장 거품이 붕괴한다면 거시경제가 위협받을 것은 분명합니다.

이제 무분별한 신용 확대의 파티가 끝났습니다. 미 연준은 높은 인플레이션을 잡기 위해 거침없이 금리를 올리는 중입니다. 2022년 3월에 0.25%에 불과했던 기준금리를 7월에 2.5%까지 올렸습니다. 이것으로 끝이 아닙니다. 미국의 인플레이션은 계속 고공행진할 예정으로 연준은 2022년 말까지 최소한 3.5% 선까지 금리를 올리려 하고 있습니다. 한국은행은 발등에 불이 떨어져 연준을 따라서 금리를 올리고 있습니다. 2021년 11월 0.75%였던 기준금리는 2022년 7월 2.25%로 올랐습니다. 이미 한국과 미국의 금리가 역전된 상황입니다.

한국의 높은 가계부채는 한국이 미국처럼 금리 인상을 과감하게 하지 못하도록 막는 장애물입니다. 그렇지만 연준이 계속해서 과감하게 금리를 올린다면 한국은행은 보폭을 맞출 수밖에 없습니다. 올 연말 연준이 기준금리를 3.5%까지 올린다면 한국의 기준금리 역시 3% 정도는 되어야 할 것입니다. 과연 이런 고금리 상황에서 대출을 받은 사람들이 얼마나 견뎌낼 수 있을까요? 2022년 7월 제1금융권의 주택담보대출 금리 상단은 이미 연 6%대까지 치솟았습니다. 2022년 말까지 기준금리가 더 오른다고 상정하면 주택담보대출 금리 상단은 연 7%대를 돌파할 수 있습니다. 이렇게 되면 돈을 빌린 차주借主의 이자는 2021년보다 2배 이상 커지겠죠. 얼마나 많은 차주가 이를 감당할 수 있을까요?

많은 사람이 원리금을 상환하지 못하는 상황에선 일시에 금융 시스템이 마비되고 은행이 파산하는 금융위기까지는 아니더라도 가계 소비가 급격히 위축될 겁니다. 소비가 줄면 투자는 감소합니다. 높은 가계부채가 한국 경제의 성장을 가로막는 걸림돌이 될 것은 자명합니다. 우린 지난 금융위기에서 교훈을 얻지 못했습니다. 그렇다면 그에 상응한 대가를 치르게 되겠지요. 한국 부동산 버블이 연착륙하기만을 바랄 뿐입니다.

2부

부자들은 아는 돈의 시그널:

돈의 문법을 읽으면
투자는 반드시 성공한다

4장

돈의 흐름이 보일 때
투자의 눈이 열린다

$ 모두가 돈을 버는 시장은 존재하지 않는다
$ 자산시장에 영향을 끼치는 변수를 읽어내라

모두가 돈을 버는 시장은
존재하지 않는다

'욜로'란 단어가 유행하던 시절이 있었습니다. 한 번뿐인 인생 You Only Live Once 이란 뜻이지요. 미래는 불확실하니 걱정하며 대비하기보다 현재의 행복을 중시해 최대한 즐겁게 살자는 의미입니다. 여기에 동의하지 않는 사람은 별로 없겠지요. 하지만, 욜로족은 다른 점이 있습니다. 욜로족은 삶의 즐거움을 소비에서 찾습니다. 이들은 내 집 마련이나 노후 대비보다는 당장 삶의 질을 높일 수 있는 소비나 취미 생활 등에 아낌없이 투자합니다. 남들에게 사치나 낭비로 보일지라도 이들은 그것이 자신의 이상을 실천하는 과정이라 믿습니다. 월급 200만 원 정도를 받는 사람이 포르쉐 자동차를 사고 해외여행에 연봉의 반 정도를 쓰기도 합니다.

통 넓은 바지에서 좁은 바지로, 다시 넓은 바지로 유행은 변합니다. 시대정신은 트렌드와 비슷합니다. 변덕스럽게 시간의 흐름에 따라 모양새를 달리합니다. 어찌 보면 당연합니다. 인간은 자연의 일부입니다. 자연은 변화하지요. 인간이 만들어내는 시대정신 역시 자연의 일부이니 당연히 변합니다.

이제 '욜로'라는 시대정신은 약해지고 '투자'가 시대정신이 되었습니다. 주식 초보자인 '주린이', 코인 초보자인 '코린이', 부동산 초보자인 '부린이' 등등 '린이' 용어가 욜로를 밀어냈습니다. 초보자란 무언가를 새로 시작하여 미숙한 단계에 있는 사람을 말하지요. 그만큼 투자에 뛰어드는 사람이 많아졌음을 웅변합니다. 미숙한 투자자도 늘었겠지요.

국내 'MZ세대(1980년대 초부터 2000년대 초 사이 출생한 세대)' 3명 중 2명은 이제 파이어족이 되고 싶어 한다고 합니다. NH투자증권 100세시대연구소가 2021년 10월에 시행한 조사 결과입니다. 이들은 집값을 제외하고 약 14억 원의 투자 자금을 모아 평균 51세에 은퇴하기를 원하는 것으로 나타났습니다.

30세 기준으로 은퇴까지 20년간 소득의 50%를 꾸준하게 모아, 이를 토대로 약 14억 원을 마련하려면 연 8%의 수익을 내야 합니다. 가능한 꿈일까요? 초보자에게 얼마나 어려운지 다음 사례가 말해줍니다.

자본시장연구원의 조사에 따르면 2020년 3월부터 10월까지 국내 주식시장에서 전체 투자자의 손실 비율은 46%였던 반면 신규 투자자는 62%였던 것으로 나타났습니다. 새롭게 주식시장에 진입한 사람의 3분의 2가 원금을 까먹었다는 겁니다. 또한 신규 투자자의 누적 수익률은 거래 비용을 포함하면 평균 −1.2%를 기록했습니다. 기존 투자자는 15% 수익을 올렸으니 새롭게 주식에 투자한 사람의 성적표가 얼마나 초라한지 알 수 있습니다. 심지어 조사가 시행된 때는 주식시장이 우상향하던 시기였습니다. 장이 비교적 좋았던 때였는데도, 초보자들은 실패했습니다.

'영끌 갭투자', 그 이후

초보 투자자들이 주식시장에서만 어려움을 겪는 게 아닙니다. 2021년 전국 주택 가격은 2020년 말 대비 약 15% 올랐습니다. 2002년 이후 19년 만에 최고 상승률을 기록했습니다. 이 같은 상승 배경에는 MZ세대가 있습니다. 2014년 전까지만 해도 2030세대는 주택 등 부동산에 지금처럼 관심을 쏟지 않았습니다. 하지만 지난 몇 년 가파르게 오른 부동산시장은 이들 세대를 각성시켰습니다. 부동산 폭등에 올라타지 못하면 벼락거지가 될 거란 불안감은 이들을 부동산시장으로 내몰았습니다. 요즘 2030 사이에서는 '데이트는 임장으로'가 유행한다고 합니다. 데이트 삼아 부동산을 보러 다니는 거지요. 또, '선 집 장만, 후 결혼'이 새로운 트렌드가 된 지 오래입니다. 경매시장에서도 MZ세대는 이제 들러리가 아닌 주류입니다.

문제는 이들 중 상당수가 자기 돈만으로 주택을 사지 않았다는 데 있습니다. 그럴 수밖에 없겠지요. 청년들이 충분한 자본을 축적했을 가능성은 낮습니다. 어쨌든 이들의 주택자금조달계획서를 조사해보니 전세를 끼고 주택을 장만하는 소위 갭투자 비율이 거의 62%에 달했습니다.[1] 실거주가 아닌 투자를 목적으로 하는 '영끌 갭투자'가 대부분이었다는 뜻이죠.

한데, 순항하던 부동산시장에 바람이 불기 시작합니다. 우선, 기준금리

---

1 "2030 영끌 현상", 〈PD 수첩〉, MBC, 2022년 1월 방송

내림세가 오름세로 반전합니다. 2018년 11월 30일 1.75%이던 금리는 2020년 5월 28일 0.50%까지 지속적으로 내렸습니다. 초저금리 시대였습니다. 변화가 시작된 건 2021년 8월 26일부터입니다. 금리는 0.75%까지 높아졌고 같은 해 11월 25일 1%까지 높아집니다. 2022년에도 이런 금리 상승세는 계속돼 2022년 4월 1.50%에 달한 후 9월 2.5%까지 올랐습니다. 이로써 기준금리는 코로나19 위기 전인 1.25%를 훨씬 넘어섰습니다.

한국은행은 인플레이션 억제 및 미국 긴축 기조를 반영해 금리를 지속적으로 올릴 예정이라고 말했지요. 여기에 가계부채 급증을 억제하려는 정부의 대출 규제가 더해지면서 시중 금리가 오르는 추세입니다. 2022년 8월 말 일부 주택담보대출 고정금리는 6%를 넘었습니다. 12년여 만에 가장 큰 폭으로 올랐습니다. 이런 속도라면 연 7%는 시간문제겠지요.

2021년 1월 전국 집값 오름세가 확연히 꺾였습니다. 부동산 시장이 조정 국면에 들어갔다는 분석이 지배적입니다. 특히 수도권 일부 지역에서는 억대 하락까지 나타난 가운데 급매물을 내놔도 팔리지 않는 사례가 속출했습니다.

한국은행과 통계청이 공동 발표한 '2021 가계금융복지조사결과'에 따르면 30대 가구주의 부채는 평균 1억 1190만 원에 달했습니다. 이들의 이자 부담은 얼마나 늘었을까요? 예를 들면, 2021년 8월 3억 원의 주택담보대출을 30년 만기, 4% 금리로 빌린 사람은 월 143만 원을 부담하면 됐지만, 금리가 올라 6%가 되면 월 180만 원을 부담해야 합니다. 이자 부담이 월 30만 원, 연 360만 원이나 늘어났습니다.

　매수한 집값이 올랐다면 별 타격이 없을 겁니다. 하지만 어떤 시장이
든 금리 오름세는 가장 큰 가격 하락 압박 요인입니다. 집값이 만약 하락
한다면 이들의 고통은 가중될 수밖에 없습니다.

준비 없이 무작정 뛰어들지 마라

가상화폐시장에 투자한 청년들의 사정도 비슷합니다. 초저금리 시대는
필연적으로 고수익을 추구하게 만들었습니다. 코인시장은 여러 변곡점
을 지날 때마다 가격이 크게 요동쳤습니다. 하지만 추세로 보면 오름세
였으며 2021년 11월 말경 비트코인의 가격은 7만 달러에 달했습니다.
비트코인은 2008년 금융위기의 산물로 2009년 1월에 탄생했습니다.
2022년 약 13년이 된 자산입니다. 고점 가격을 기준으로 탄생 당시와 비
교하면 약 14만 배 올랐습니다.

　비트코인이 성공하면서 유사한 코인들이 쏟아져 나왔습니다. 비트코
인은 너무 올라서 살 엄두를 내지 못하던 많은 사람이 후발 코인에 눈길
을 돌렸습니다. 후발 코인에 투자한 사람은 비트코인과 같은 상승을 기
대했을 겁니다. 영혼을 끌어모아도 수도권에 주택을 살 수 없어 좌절한
청년들이 코인시장에 뛰어들었습니다. 그런데 2021년 12월 끝없이 오를
것 같던 가상화폐시장에 어둠이 드리웁니다. 오미크론의 확산과 함께 미
국의 긴축이 가시화된 거죠. 2022년 9월 15일 기준 비트코인 가격은 2만

달러를 밑돌았습니다. 1년도 안 되는 기간에 70% 이상 하락했지요. 비트코인이 하락하면서 기타 코인들의 가격도 급락했습니다. 만약 2021년 11월에 이 시장에 진입했다면 손실이 막대할 겁니다.

"어제 대학원 동기한테 연락이 왔다. 전화를 받자마자 머뭇거리더니 돈 좀 빌려달란다. 너 설마 대출 당겼냐고 물어보니 그렇단다. 너 설마 그걸로 비트코인 샀냐고 물어보니 그렇단다."

"끝없이 하락하면 비트코인, 이더리움 사라지나? 안 사라진다. 안 사라지면 가격은 어찌 되나? 이 세상에 희소성 있는 재화가 시간이 갈수록 가격이 떨어지는 게 있나? 결론: 응 코인 안 망했어. 기다리면 올라~~"

이런 유의 글이 SNS에 넘쳐납니다. 그만큼 손실을 본 사람이 많다는 얘기겠지요. 심지어 국가도 비트코인에 투자했다가 손실을 봤습니다. 엘살바도르 정부는 세계에서 처음으로 가상화폐 비트코인을 법정 통화로 채택했지요. 2021년 9월부터 정부 돈으로 비트코인을 사들였는데 수량이 최소 1,391개에 달합니다. 이 정부의 평균 매수 단가는 5만 1,056달러로 총 매수 비용은 7100만 달러, 우리 돈(환율 1,350원으로 가정)으로 계산하면 950억 원을 넘습니다. 2022년 9월 기준 비트코인 가격은 2만 달러를 하회하니 매수 금액 대비 60% 이상 손실을 본 셈입니다. 금액으론 약 4300만 달러, 우리 돈으로 580억 원 이상의 손실을 기록했습니다.

이처럼 많은 사람이 실패한 이유는 뭘까요? 많은 이유가 있을 겁니다.

거래 방식, 심리적 요인 등등. 하지만 가장 큰 이유는 돈의 흐름을 읽는 안목을 갖추지 못했기 때문입니다. 아무리 투자가 시대정신이 되었다지만 투자를 한 사람 모두가 돈을 버는 시장은 존재하지 않습니다. 남들이 돈을 벌었다는 소리에 무작정 시장에 뛰어든 사람의 미래는 예정되어 있습니다. 참혹한 실패만 기다리고 있을 뿐이지요.

자산시장에 영향을 끼치는 변수를 읽어내라

환율이란 단어는 자주 쓰이지만 그것이 무언지 정확히 아는 사람은 드뭅니다. 환율이란 특정 나라의 돈이 다른 나라의 돈과 교환되는 비율을 말합니다. 원-달러 환율이 1,300원이라면 원화 1,300원을 1달러와 바꿀 수 있습니다. 여기서 교환의 의미를 살펴볼 필요가 있습니다. 교환이란 무언가를 다른 것과 서로 바꾼다는 의미인데, 이는 달리 표현하면 내가 가진 무언가를 '팔고' 다른 것을 '사는' 행위라 할 수 있습니다. 환율도 마찬가지입니다. 특정국의 통화와 타국의 통화를 동시에 '사고팔' 때 그 교환 비율을 말합니다.

세상 모든 것은 가격이 변합니다. 돈의 가치 또한 마찬가지지요. 환율이 변한다는 얘기는 교환하고자 하는 통화 가치가 오르거나 내린다는 뜻입니다. 원-달러 환율이 1,000원에서 1,500원으로 올랐다면 원화 가치는 하락한 걸까요, 상승한 걸까요? 환율이 1,500원이 되면 1,000원으로 교환할 수 있던 1달러를 1,500원으로 교환해야 합니다. 다르게 말하자면, 1,000원이면 1달러를 살 수 있었는데 환율이 올라 1,500원을 내야하

74 __

는 겁니다. 즉, 환율이 오르면 원화 가치는 하락합니다. 이때 달러 가치는 오르지요. 반대로 원-달러 환율이 내리면 원화 가치는 상승하고, 달러 가치는 하락합니다.

환율, 한국 경제를 이해하는 필수 개념

환율은 한국 경제를 이해하는 필수 개념입니다. 대외 의존도가 높은 경제 구조 때문입니다. 일반적으로 환율 상승은 한국 경제에 긍정적이라고 얘기합니다. 과연 그럴까요? 수출입 기업들은 보통 달러로 거래합니다. 수출 기업은 수출 대금을 달러로 받겠지요. 이때 환율이 올랐으니 달러를 원화로 바꾸면 더 많은 원화를 받게 됩니다. 가령, 원-달러 환율이 1,000원일 때 100만 달러를 원화로 바꾸면 10억 원이지만 환율이 1,500원일 때는 15억 원을 손에 줍니다. 이들 기업의 매출은 물론 영업 이익 또한 환율 덕에 급증하겠지요. 원-달러 환율이 하락하면 반대가 됩니다.

수입 기업은 어떨까요? 원-달러 환율이 상승하면 수입품의 가격은 오릅니다. 원-달러 환율이 1,000원일 때 10만 달러어치 물건을 수입하려면 10억 원이 들지만 환율이 1,500원이 되면 15억 원이 있어야 합니다. 수입 원가가 높아지니 물건값을 올려야 하지만 쉽지 않겠지요. 우리 같은 소비자들은 어떨까요? 환율이 상승하면 수입품 가격이 오르는데 우리나라는 원자재 수입 비중이 높다 보니 일반 공산품 가격이 오르게 됩니다. 따라서 환율 상승은 전반적인 가격 상승을 유발합니다. 소비자 후

생은 하락하겠지요.

그런데 환율이 오르면 수출 기업에 유리하다는 것도 과거의 일입니다. 한국의 수출 대기업들은 이미 세계화로 국내에만 생산 기지가 있는 게 아닙니다. 거의 전 세계에서 생산을 합니다. 원-달러 환율만으로 해당 기업의 손익을 계산할 수 없겠지요. 이론적으로는 진출국 통화와 달러의 환율을 봐야 하고, 만약 이득이 났더라도 그것을 국내로 들여올 때의 원-달러 환율을 고려해야 합니다.

국내에만 생산 기지를 두는 수출 업체의 경우도 원-달러 환율만으로 손익을 단정할 수 없습니다. 수출 업체라 해도 원자재 등은 타국에서 수입해야 하니까요. 특히, 유가가 급등할 경우엔 생산 원가가 높아지겠지요. 원-달러 환율이 올라 수출 단가가 높아지더라도 그만큼 생산 원가 역시 높아지기에 일방적으로 유리하다고 말할 수 없습니다.

특정국의 통화 가치에 영향을 미치는 변수는 무수히 많습니다. 금리, 지정학적 변수, 경제 기초 체력, 무역수지, 경상수지 등등 셀 수 없을 정도입니다. 그중에서도 가장 중요한 변수가 있습니다. 바로 해당국 경제가 얼마나 튼튼한지입니다. 2022년 8월로 보면 미국 달러가 초강세입니다. 왜일까요? 미국이 다른 나라에 비해 상대적으로 경제가 강건하기 때문입니다. 미국은 이를 토대로 금리를 크게 올리고 있죠. 이에 비해 다른 나라는 사정이 매우 어렵습니다. 유럽은 침체 우려가 깊어졌고 중국과 일본의 경제 모두 좋지 않습니다. 이들 국가는 금리를 올리고 싶어도 못 올립니다.

환율이 적정 수준을 넘어 크게 오른다면, 특히 다른 나라 환율은 안정적인데 원-달러 환율만 그런 현상이 두드러진다면 한국 경제의 건강에 이상이 있다는 얘기입니다. 무역 적자가 깊어진다든지, 한반도의 지정학적 상황이 돌변하는 경우가 대표적입니다. 이런 경우 보통 원-달러 환율이 급등합니다.

반대로 환율이 안정적인 하향세를 보인다면 이는 그만큼 한국 경제가 건강하다는 신호입니다. 돈은 불안정을 싫어하고 안정을 좋아합니다. 해외에서 돈이 들어올수록 원-달러 환율은 하향세를 보이겠지요. 돈이 들어온다는 건 한국이 그만큼 안정적이라는 얘기가 됩니다. 반대로, 해외로 돈이 빠져나가면 원-달러 환율은 오릅니다. 돈이 빠져나가는 이유는 한국이 불안하기 때문이겠지요.

환율이 오르면 대부분의 에너지, 원자재를 수입하는 한국의 물가는 오를 수밖에 없습니다. 동시에 수입품의 가격도 오를 테니 전반적인 물가 상승 압력이 커지게 됩니다. 바나나 가격이 1,000원에서 1,500원으로 올랐다면 그만큼 원화 가치가 떨어진 겁니다. 환율이 오랜 기간에 걸쳐 크게 오른다면 인플레이션은 불가피하다고 할 수 있습니다.

환율·금리·부동산의 상호작용

환율은 금리와도 깊은 상관관계를 갖습니다. 돈은 환율이 안정적이라면 금리가 높은 쪽을 선호합니다. 원-달러 환율이 1,200원대에서 안정된 상태라고 가정해봅시다. 한데, 미국 금리는 2%이고 한국 금리는 4%라면 여러분은 어떤 나라에 예·적금을 들겠습니까? 아마도 한국을 선호할 겁니다.

단, 전제 조건이 있습니다. 말했듯이, 환율이 안정되어 있어야 합니다. 환율이 급변해 원-달러 환율이 계속 오르는 상황이라면 한국의 금리가 미국보다 높다 해도 한국에 투자, 예금할 유인이 없어집니다. 비록 연 2% 금리 격차로 이득을 봤다고 해도 원-달러 환율이 그 이상 오르면 외려 손해를 보기 때문입니다.

예를 들어보죠. 원-달러 환율 1,000원일 때 1,000달러를 들여와 국내 은행에 예치했습니다. 금리는 연 4%입니다. 1년 후 이 사람은 104만 원을 손에 쥡니다. 세금 등 제반 경비는 없다고 가정하겠습니다. 이제 이 돈을 달러로 바꿔 나가야 합니다. 그런데 그동안 환율이 올라 1,300원이 됐습니다. 환전을 하니 800달러밖에 안 됩니다. 그냥 미국 은행에 예금을 들었다면 2% 이자를 받아 1,020달러를 받았을 테니 실제로 손해 본 금액은 무려 220달러에 달합니다.

2022년 8월, 한·미 간 기준금리가 역전했습니다. 미국 금리가 한국보다 높다는 얘기입니다. 왜 '역전'이란 단어를 쓰는 걸까요? 미국은 기축통화국입니다. 금리가 한국보다 조금 낮아도 대부분은 달러를 원화보다 선호합니다. 한데, 이런 기축통화국 금리가 한국보다 높아지니 '역전'이란 표현을 쓰는 겁니다.

기축통화국 금리가 타국보다 높다면 일반적으로 세계의 돈은 미국으로 쏠립니다. 한국 입장에서는 외화 유출을 걱정해야 하는 상황이지요. 그렇다면 어떻게 해야 할까요? 우리나라도 금리를 올려 미국 금리를 따라가는 방법밖에 없습니다. 한데, 이때 환율이 급등하는 현상이 지속되면 외화 이탈은 가속화될 수밖에 없습니다. 이를 막으려면 결국 금리를 더 올리거나 한국 경제의 미래가 건강하다는 전망을 외국 투자자에게 확인시켜 주는 방법밖에는 없습니다.

금리는 자산시장에 가장 큰 영향을 미치는 변수입니다. 금리가 내리면 자산시장은 긍정적인 영향을 받고 오르면 부정적인 영향을 받습니다. 단, 절대 전제 조건이 있습니다. 금리 흐름이 꾸준하고 강해야 합니다. 보통 금리를 올리면 자산시장이 부정적인 영향을 받는다고 여겨지는데, 반드시 그런 것은 아닙니다. 금리가 오르는 속도가 가팔라야 하고 장기간에 걸쳐 이뤄져야 부정적인 영향을 받습니다. 금리 인상이 서너 번 약한 강도(0.25%씩)로 이뤄지면 부정적인 영향이 크지 않습니다. 금리가 강하게 오른다는 것은 시장이 예상치 못할 정도로 높게 올릴 때를 뜻합니다. 무엇보다 이런 인상 기조가 장기간 이어질 때 자산시장은 부정적인 영향을 받게 됩니다.

자산시장 중에서도 부동산시장은 금리 변화에 민감합니다. 그럴 수밖에 없겠지요. 부동산시장은 대표적인 부채 의존 시장입니다. 자신이 가진 현금만으로 부동산을 사는 사람은 거의 없습니다. 대부분 부동산담보대출을 받습니다. 이때 대출 금액은 비교적 큽니다. 보통 억 단위를 넘어서죠. 금리가 꾸준히 강하게 오르면 대출 금리가 뜁니다. 차주의 부담은 빌린 액수가 클수록 커집니다. 3억 원을 3%로 빌렸을 때와 6%로 빌렸을 때 이자를 생각해보세요. 3%일 때는 연 900만 원을 부담하면 됐지만 6%가 되면 1800만 원을 내야 합니다. 매달 150만 원을 이자로만 부담해야 하죠. 일반적인 중산층이 감당할 수 있을까요?

부동산시장은 금리가 강하게 지속적으로 오르는 상황에선 하락 압박을 받을 수밖에 없습니다. 반대의 경우도 성립하겠지요. 저금리가 장기간 지속될 수밖에 없는 환경이라면, 빚을 내는 데 부담이 없습니다. 지난 몇 년 한국 부동산이 활황을 보인 건 이 때문입니다. 한국 부동산만이 아닙니다. 전 세계 부동산시장이 활활 타올랐습니다.

앞으로는 어떨까요? 현재 각국은 인플레이션으로 몸살을 앓고 있습니다. 중앙은행은 어떻게든 물가를 잡아야 합니다. 수단은 금리 인상이죠. 이에 각국 중앙은행은 금리를 서둘러 올렸습니다. 한국은행도 마찬가지였습니다. 이런 인상 기조는 언제까지 이어질까요? 누구도 모릅니다. 다만 2022년 불거진 높은 인플레이션은 쉽게 잦아들지 않으리라는 게 정설입니다. 그렇다면 과거와 같은 저금리 상황으로 회귀하기는 당분간 어렵겠지요. 2022년 들어 한국만이 아니라 전 세계 부동산시장이 금리의 강한 인상으로 하락 압박을 받았습니다. 이런 흐름은 향후 장기간 이어질 것이 분명합니다.

5장

변덕스러운 시장에도
투자 적기는 있다

$ 투자는 결국 화폐 현상을 이해하는 일이다

$ 첫 번째 시그널: 금리 움직임을 주시하라

$ 두 번째 시그널: 정부 정책의 행간을 읽어라

$ 세 번째 시그널: 자산시장의 주기를 읽어라

투자는 결국
화폐 현상을 이해하는 일이다

'투자의 대부'라 불리는 앙드레 코스톨라니는 단숨에 부자가 되는 법을 세 가지로 정리했습니다.

1. 부유한 배우자를 만난다.
2. 유망한 사업 아이템을 갖는다.
3. 투자를 한다.

해학적이지만 촌철살인이라고 생각합니다. 부유한 부모 밑에서 태어난 금수저를 뺀다면 위 세 가지 방법 외에는 빠른 시일 내에 부자가 될 수 있는 법이 극히 한정됩니다. 복권 당첨이 가장 좋겠지요. 하지만 천운을 타고나야 합니다. 좋은 직장에 입사해 고액 연봉을 받아 차곡차곡 저축을 하는 방법도 한 가지 대안은 될 수 있겠지요. 하지만 이 방식은 시간이 걸립니다. 코스톨라니 말대로 부유한 배우자를 만나거나 유망한 사업 아이템을 갖고 창업을 하면 거부가 될 수 있겠지요. 하지만 이 또한 쉽지 않습니다. 보통 사람이 이런 기회를 얻기는 지극히 어렵습니다.

그렇다면 남은 방법은 투자밖에 없습니다. 보통 사람도 얼마든지 할 수 있는 게 바로 투자입니다. 현대를 살아가는 보통 사람이라면 투자를 빼고 부자가 될 수 있는 방법이 거의 없습니다.

문제는 타이밍이다

문제는 투자로 부자가 되는 길도 그리 만만하지 않다는 데 있습니다. 투자로 이익을 남기기는 생각보다 쉽지 않습니다. 하지만 투자의 본질을 이해한다면, 그리고 인내심이란 덕목이 있다면 투자가 마냥 어렵지만은 않습니다. 그래도 투자 성공 확률은 적어도 복권에 당첨되거나 부유한 배우자를 만날 확률, 또는 창업으로 성공할 확률보다는 높습니다.

현대 경제는 화폐경제, 즉 화폐를 재화나 서비스의 교환과 유통의 수단으로 하는 경제 체제입니다. 이 체제에서는 세상의 모든 가치가 화폐로 치환됩니다. 심지어 무형자산, 예를 들어 지적 재산권이나 특허권도 돈으로 계산됩니다. 씁쓸하지만 인간의 가치도 돈으로 매겨집니다. 다른 말로 하면, 화폐가 오늘의 경제를 결정합니다. 가치를 결정하는 주요 핵심 변수가 '돈'이란 얘기입니다.

돈이 늘어나면 어찌 될까요? 일반적으로 거의 모든 재화의 가격이 오릅니다. 단, 재화 가격 오름세는 한참 후에 나타납니다. 2022년 인플레이션은 2020년부터 풀린 돈이 만들어낸 결과입니다. 즉, 유동성 증가에 후

행합니다. 이때 먼저 오르는 게 있습니다. 바로 자산시장입니다. 주식이나 부동산 가격이 먼저 반응해 오릅니다.

반대로 돈이 줄면 어찌 될까요? 대부분의 재화가 가격 정체를 보이거나 내리겠지요. 2022년부터 시작된 긴축은 빠르면 2023년 혹은 2024년에 디플레이션 현상을 만들어낼 가능성이 높습니다. 재화 가격 내림세 역시 한참 시간이 흐른 후에야 나타납니다. 유동성 감소에 후행하는 거죠. 이때도 먼저 내리는 게 있습니다. 자산시장, 즉 주식이나 부동산 가격이 먼저 반응해 내립니다. 경제 용어로 전자를 인플레이션, 후자를 디플레이션이라 합니다. 결국 인플레이션과 디플레이션은 화폐가 만들어내는 화폐 현상에 불과합니다.

투자란 뭘까요? 자신의 돈을 불리는 행위입니다. 불린다는 것은 가치를 보존하거나 늘린다는 뜻입니다. 투자의 형태는 시대에 따라 달라집니다. 물론 특수한 경우가 아닌 일반적인 상황에서의 얘기입니다.

인플레이션 시대, 즉 돈이 많이 풀리는 시대엔 돈의 가치가 하락하는 대신 시중 재화의 가격이 오릅니다. 이때 투자를 하지 않고 가만히 있으면 손해를 보겠지요. 가격이 오르는 뭔가를 사는 게 바로 투자입니다. 바로 먼저 반응하는 자산을 사야 하는 겁니다. 반대로 디플레이션 시대는 시중에 풀린 돈이 줄어드는 때입니다. 이때는 투자를 어떻게 해야 할까요? 소유한 돈의 가치를 지키고 싶다면 특별한 경우가 아닌 이상 가만히 있는 게 투자입니다. 우선 보유한 자산부터 먼저 처분해야겠지요. 돈의 가치가 오르는 대신 시중 거의 모든 것이 가격 정체를 보이거나 내리기 때문입니다.

　언제 투자를 하는지, 그 '시점'에 따라 투자는 성공과 실패가 결정됩니다.

첫 번째 시그널:
금리 움직임을 주시하라

가장 좋은 투자 시기는 언제일까요? 돈이 '지속적으로' 풀리는 시기, 다시 말해 중앙은행과 정부가 무너진 경기를 회복하기 위해 무차별적으로 돈을 풀 때입니다. 이때는 통상 자산 가격이 폭락해 대부분의 사람이 거들떠보지도 않습니다. 2008년 금융위기 직후엔 주식시장과 부동산시장이 폭락했습니다. 2019년 코로나19 발생 후 2020년 초에는 주식시장이 큰 폭으로 하락했지요. 보통, 커다란 경제 위기가 닥치면 중앙은행과 정부는 경제를 살리는 데 총력을 기울입니다. 초저금리와 재정 확대를 시행하여 막대한 돈을 풉니다. 하지만, 한번 무너진 경제는 쉽게 살아나지 않습니다. 결국 돈 풀기는 상당 기간 지속되기 마련입니다.

실물경제가 침체된 상황에서 이 돈이 갈 곳은 정해져 있습니다. 먼저 '스마트머니'들이 자산시장으로 움직이고 대중이 그 뒤를 따릅니다. 스마트머니란 월가에서 나온 용어로 돈이 될 대상을 가려내 한발 앞서 투자시장으로 흘러드는 자금이나 그 운용자를 말합니다. 이른바 '똑똑한 돈'입니다. 여기서 중요한 점은 '한발 앞선 투자'입니다. 한 마디로, 스마트머니는 투자 시점을 남들보다 먼저 알고 움직입니다. 이들은 보통 자산시장이 움직이기 전에 남들보다 앞서 투자를 합니다. 대중이 거들떠보지도 않는 시점에 과감한 투자를 한다는 말이지요. 이들이 투자에 나서면 자산시장은 조금씩 꿈틀댑니다. 조금씩 오르기 시작하죠. 보통 그 뒤를 따라 대중이 몰려듭니다. 이때부터 자산시장은 가파르게 우상향 곡선을 그리며 본격적으로 상승합니다.

가장 나쁜 때는 언제일까요? 풀린 돈이 '지속적으로' 줄어들 때입니다. 중앙은행과 정부는 경기가 충분히 회복되어 인플레이션 조짐이 보이면 푼 돈을 거둬들이기 시작합니다. 중앙은행은 기준금리를 지속적으로 올리고 정부는 무차별적 재정 확대 정책에서 서서히 발을 뺍니다. 2021년 말부터 이런 움직임이 가시화됐지요. 팬데믹 상황에서 무너지는 경제를 회복한다는 명분으로 뿌려졌던 이른바 '팬데믹머니' 철수 움직임이 가시화되었습니다. 양적완화는 축소되고 금리는 올랐으며 정부는 국민을 대상으로 지급했던 재난지원금 규모를 줄여나갔습니다.

여기서 양적완화란 금리를 제로 수준까지 낮췄음에도 돈이 돌지 못할 때 중앙은행이 발권력을 동원해 시장에 돈을 공급하는 정책을 말합니다. 시중에서 유통되는 각종 채권(주로 국공채)을 매입함으로써 돈을 공급하는 방법이지요. 채권 보유자는 중앙은행에 채권을 팔고 현금을 받고, 중앙은행은 시중 채권을 매입하면서 돈을 공급하는 겁니다. 이런 움직임은 팬데믹이 약화함에 따라 그 강도가 세질 것이 자명합니다. 모두 인플레이션 억제를 위해서입니다.

'스마트머니'는 언제 움직이는가

사실, 중앙은행과 정부가 풀린 돈을 거둬들이는 시점은 자산 가격이 고공행진할 때입니다. 실제로 2022년 1월 미국의 주식시장을 비롯해 전 세계 주식시장은 역사적 고점에 이르렀습니다. 부동산 가격도 비슷합니다. 이미 천장에 이른 상황입니다.

초보 투자자들은 이때, 혹은 그 직전에 시장에 뛰어듭니다. 자산 가격이 많이 올라 투자 이득을 본 사람이 많기 때문입니다. 친구나 친지, 동료가 부동산이나 주식, 혹은 코인을 사서 돈을 벌었다는 소문이 무성할 때죠. 이런 소문은 초보 투자자의 눈과 귀를 막습니다. 더 이상 늦어선 안 된다는 조바심에 앞뒤 가리지 않고 자산시장에 투자를 하게 합니다. 고점에선 풀린 돈이 곧 거둬들여진다는 사실을 망각하는 겁니다. 상투를 잡는 투자자들이 생각보다 많은 이유입니다.

이들은 어찌 될까요? 대부분은 큰 손실을 볼 수밖에 없습니다. 투자 시점을 잘못 잡았기 때문입니다. 반면, 이득을 본 사람은 누구일까요? 바로 투자 시점을 명확히 파악하고 있는 '스마트머니'입니다. 이들은 뒤늦게 몰려든 사람들에게 자산을 팔고 유유히 시장을 떠납니다. 그리고 기다립니다. 또 다른 투자 적기가 올 때를 말입니다.

> "30대 직장인 A씨는 금리 인상 소식을 들을 때마다 가슴이 철렁하다. 작년(2021년) 9월 가능한 모든 대출을 '영끌(영혼까지 끌어모아)'해 서울 노원구에 첫 내 집을 마련했는데 월급의 절반 이상을 원금 상환과 이자로 쓰고 있다. A씨는 금리가 여기서 더 오르면 이자를 낼 방법이 없다고 하소연했다."
>
> _비즈니스워치, 2022. 1. 21.

위 기사의 A씨는 뭘 잘못해서 이런 곤경에 처하게 된 걸까요? 투자 시점을 잘못 잡았기 때문입니다. 한국은행은 2021년 8월부터 금리를 올렸고, 2022년 1월까지 6개월 사이 금리를 세 번 올렸습니다. 한국은행은 금리를 계속 올릴 것이라고 향후 경로를 분명히 했습니다. 이를 어려운 말로 'forward guidance'라 합니다. 중앙은행이 향후 경제 상황의 전망과 평가를 토대로 미래의 통화 정책 방향을 예고하는 것을 말하지요. 매우 중요한 지표인데 보통 사람들은 관심을 두지 않습니다.

금리는 경제의 ABC입니다. 앞에서도 말했듯 현대 경제는 화폐경제입니다. 돈이 좌우하는 경제란 뜻입니다. 돈값, 즉 금리에 따라 이 세상 모든 것의 가격이 결정됩니다. 돈값이 오르면 재화나 서비스의 가격은 대개 내립니다. 반대로 돈값이 내리면 재화나 서비스의 가격은 대개 오릅니다. 이를 무시하고는 투자에 성공할 수 없습니다.

단, 전제 조건이 있습니다. 금리가 '지속적'으로 한 방향으로 움직일 때 가격 조정이 발생합니다. 따라서 투자 시점을 정할 때는 '금리의 방향성'을 가장 중요하게 고려해야 합니다. 금리의 지속적 오름세가 확실하다면 가능하면 위험자산, 즉 주식이나 코인, 부동산시장 등에 투자는 삼가야 합니다.

이때는 이미 자산시장이 오를 대로 오른 경우가 대부분입니다. 너도나도 돈을 벌었다고 말할 때죠. 이때 보통 사람들은 흔들리기 쉽습니다. 늦었지만 이제라도 투자를 해야 더 이상 뒤처지지 않을 거란 조바심에 말그대로 영끌을 감행해 투자를 하지요. 보통 이런 식의 투자는 상투를 잡은 경우가 대부분입니다. 실패가 예정되어 있다고 할 수 있죠.

자산시장은 지속적 금리 인상, 즉 돈줄이 고갈되는 상황에서 고공행진할 수 없습니다. 돈줄이 마른 상황이란 여력이 있는 매수자가 적어졌다는 뜻입니다. 추가 매수자가 없는 시장이 상승할 수는 없겠지요.

역으로, 금리가 낮아질 추세가 분명하다면 이들 위험자산시장에 투자를 결행해야 할 때입니다. 사실, 이때는 자산 가격이 낮아질 대로 낮아진 상황입니다. 누구도 거들떠보지 않을 때죠. 투자 격언 중에 "남들이 주목하지 않는 뒤안길에 주목하라. 그곳에 황금이 있다"란 말이 있습니다. 2008년 금융위기 이후, 2019년 코로나 바이러스 발발 이후를 생각해 보십시오. 주식시장이 급락했습니다. 반면, 중앙은행은 실물경제 파괴를 막기 위해 금리를 지속적으로 내릴 수밖에 없는 상황이었죠.

이때 스마트머니는 하락한 자산시장을 주목해 사기 시작합니다. 하지만 대중은 망설이죠. 더 떨어질 거란 두려움에 망설입니다. 주변에 손해

본 사람이 많기 때문입니다. 친지와 동료들의 표정이 너무 어둡습니다. 이를 보면서 투자를 결행하기는 쉽지 않죠. 하지만 투자를 할 때 참고해야 할 건 주변 사람이 아닙니다. 가장 중요하게 봐야 할 건 향후 유동성이 늘어날지 여부입니다.

다시 한번 강조하지만, 돈이 풍부해야 '매수'가 늘어납니다. 금리가 지속적으로 내리면 시중 유동성이 풍부해지고, 시장 유동성은 언젠가는 자산시장 '매수'로 이어집니다. '선점'은 투자에서 매우 중요합니다. 쌀 때 사야 투자 이득이 보장됩니다.

미국의 금리로 시장을 예측하라

기축통화란 말을 들어봤을 겁니다. 국제 교역의 기본 통화로 쓰이는 돈을 말하지요. 우리 기업이 해외에 물품 대금을 결제할 때 원화로 하는 경우는 극히 드뭅니다. 미국 달러로 하죠. 수출을 할 때도 마찬가지입니다. 원화로 받는 경우는 거의 없지요. 이는 미국 달러가 기축통화이기 때문입니다. 간혹 유로, 엔, 위안화 결제가 이루어지기도 합니다만 미국 통화를 제외한 타 통화의 결제 사용 빈도는 미미합니다.

미국 달러는 절대적 기축통화입니다. 이는 세계 경제 흐름을 이해하는 데 매우 중요합니다. 기축통화란 '세계의 돈'이기 때문입니다. 우리가 해외여행을 가면 해당국 통화나 미국 달러로 환전을 하게 됩니다. 왜일까요? 원화는 세계 통화가 아니기 때문입니다. 미국 달러는 대부분의 국가에서

'돈'으로 인정을 받지만 불행히도 원화는 아직까지 그렇지 못합니다.

앞에서 언급했듯 돈이 풀리면 자산 가격은 일반적으로 상승합니다. 여기서 말하는 돈은 자국 통화인 경우도 있지만 '세계의 돈'인 달러인 경우가 대부분입니다. 미국 달러가 얼마나 풀리느냐 혹은 얼마나 줄어드느냐는 미국 자산시장에만 영향을 끼치지 않습니다. 전 세계 자산시장에 영향을 주지요.

왜일까요? 미국 달러가 많이 풀린다는 것은 중앙은행인 연준이 이른바 '완화적 통화 정책', 즉 금리를 지속적으로 내리는 정책을 펼친다는 것을 뜻합니다. 이때 풀린 달러는 미국 내에서만 머물지 않습니다. 달러는 세계의 돈이기 때문이죠. 달러는 수익을 좇아 세계로 퍼집니다. 싼 자산을 찾아 사냥을 나섭니다. 저금리는 달러를 빌리는 데 매우 용이한 환경을 만듭니다. 싼 금리로 빌린 달러가 고수익을 찾아 전 세계로 퍼지게 되지요. 이는 결국 전 세계 자산시장을 올립니다.

반대로 미국 중앙은행인 연준이 긴축을 시행, 즉 지속적으로 달러를 거둬들이면 어떻게 될까요? 전 세계로 퍼졌던 달러는 미국으로 퇴장합니다. 금리가 오르면 달러를 빌려 투자에 나섰던 자금의 수익성이 하락합니다. 달러 자금은 이미 충분한 수익을 거둔 상태이기 때문에 대부분 미련 없이 그동안 사들였던 자산을 매각하고 자국으로 회귀합니다. 이런 경우 자산 가격은 대체로 하락세로 돌아섭니다.

좀 더 자세히 설명해 보겠습니다. 미국 달러는 한국 자산시장에 어떤 식으로 영향을 줄까요? 미국 달러는 크게 두 가지 이유로 한국에 들어옵니다. 하나는 직접 투자, 즉 한국에 기업을 세워 장기적인 사업을 벌이려는 목적입니다. 다른 하나는 바로 간접 투자, 즉 자산시장 투자 목적입니다. 전자의 경우는 자산시장에 커다란 영향을 미치지 않습니다. 후자의 영향력은 막대하죠.

외국인이 한국 자산시장에 투자하려면 달러를 원화로 교환해야 합니다. 이는 원화 유동성 증가로 이어지지요. 이 유동성은 한국의 주식, 채권, 부동산 등으로 교환되어 한국 자산시장을 올리게 됩니다. 한국의 중앙은행인 한국은행이 긴축 기조를 유지하더라도 미국 연준이 완화적 통화 정책을 지속한다면 결국 한국의 자산시장은 상승 압력을 받습니다. 이 점을 이해해야 합니다. 한국 자산시장을 움직이는 동력은 한국 금리 이외에도 미국 금리가 중요한 역할을 한다는 점을 말입니다.

반대로 연준이 금리를 지속적으로 올리면 어떤 상황이 될까요? 달러가 미국으로 퇴장합니다. 퇴장하기 위해서 한국 자산을 팔게 됩니다. 팔면 자산 가격은 내리겠지요. 게다가 이렇게 판매해서 얻는 돈은 원화입니다. 원화를 달러로 바꿔야겠지요. 원화를 달러로 바꾸면 그만큼의 원화가 은행으로 들어갑니다. 시중 유동성이 줄어든다는 얘기지요. 원화 유동성 감소는 다시 자산시장에 부정적인 영향을 미칩니다.

일반적으로 전 세계 자본시장은 이른바 '동조화(커플링)' 현상을 보이게 됩니다. 투자자가 미국 자산시장을 주목하는 이유, 많은 사람이 밤잠을 자지 못하고 미국 주식시장에 주목하는 이유는 바로 이 때문입니다. 전 세계 주식시장은 미국 주식시장의 오르내림과 움직임을 같이합니다.

모두 세계의 돈인 '달러'가 부리는 마술 때문이라 할 수 있습니다.

투자 시점은 결국 향후 금리 추세 전망에 따라 결정됩니다. 중요한 건 국내 금리 추이와 미국 금리 추이를 동시에 봐야 한다는 점입니다. 달러 가 세계의 돈인 이상 피할 수 없는 운명입니다.

2021년 가을부터 세계의 물가 오름세가 확연해졌습니다. 2022년 4월 미국의 소비자물가지수는 전년 동월 대비 8%, 유로존은 7.5% 상승했습 니다. 한국도 4%를 넘었습니다. 1980년대 이래 볼 수 없었던 물가 상승 세가 이어지고 있습니다. 이에 각국 중앙은행은 통화 정책을 완화에서 긴축으로 선회했습니다. 풀린 돈을 거둬들여 물가를 잡으려는 거죠. 이 말은 최소한 물가 오름세가 진정될 때까지는 금리 인상 기조가 유지될 것을 뜻합니다.

금리 인상은 자산시장에 부정적 영향을 미칩니다. 이를 반드시 기억해 야 합니다. 금리가 지속적으로 오를 게 확실하다면 자산시장은 분명 하 락세로 접어듭니다. 이때 섣불리 투자에 나서는 건 매우 위험합니다. 자 산시장 투자보다는 현금을 보유하고 때를 기다리는 편이 현명합니다.

금리를 맹신해서는 안 된다

간혹 금리가 지속적으로 오를 때도 상승하는 자산이 있습니다. 2022년 초 주식시장 최대 테마주는 전기차 관련주들이었습니다. 전기차 시장은 점차 확대될 전망이고 그에 따라 수혜를 입을 수 있으리란 판단 때문이지요. 물론 이런 주식들도 무조건 상승하는 건 아닙니다. 매출과 영업 이익 성장세가 뚜렷하고 기술 진입 장벽이 높아 경쟁력을 갖춘 기업의 주식이 오르지요.

부동산시장에도 전반적으로 침체해도 유독 낙폭이 크지 않거나 오르는 곳이 있기 마련입니다. 제반 환경, 입지 등이 좋은 곳이겠지요. 2022년 4월 수도권 외곽의 아파트는 가격이 내렸지만 강남 등 선호 지역의 아파트 가격은 견고했습니다. 우량자산은 자산시장의 낙폭이 확대된다고 해도 상대적으로 견고하게 가격을 유지하거나 오르기도 합니다. 유동성의 절대액이 감소하더라도 특정 자산에 몰리는 유동성은 외려 늘거나 유지될 수 있기 때문입니다.

다만, 자산 가격이 급락하는 경우엔 거의 모든 자산이 예외 없이 하락합니다. 특히, 하락세가 장기화되면 우량자산 역시 시간이 지날수록 부정적인 영향을 받습니다. 강남권의 아파트 가격도 최근에는 하락하는 추세지요. 인간은 심리적 편향에서 자유로울 수 없는 존재입니다. 그런데 간혹 대세 하락기에도 버티거나 매수로 대응하는 사람이 있습니다.

"xxx주가 올해 1,000달러 근처임에도 싸다고 느껴지는 이유는 작년 3분기 어닝이 결정적이다. 그때 이익 수준이 한 단계 레벨업 하였고 올해 한 번 더 레벨업 할 것이 확실하기 때문이다."

"비트코인이 정확히 1년 전 가격으로 내렸다. 개꿀이다. 비트코인 4년 보유자 중 손실을 본 사람은 없다. 3년만 버티면 된다."

누구나 무언가를 샀다면 이유가 있을 겁니다. 시장이 자신의 생각대로 움직이지 않으면 대개 사람들은 어떻게 생각할까요? 자신의 실패를 인정하지 않으려 합니다. 손해를 보고 파는 건 실패를 자인하는 셈인데, 이는 누구에게나 끔찍한 경험입니다. 회피하려는 게 당연합니다. 그래서 애초 고려하지 않았던 갖은 이유를 찾아 하락한 자산을 보유하려고 애를 쓰지요. 그러는 사이 시장은 더 하락하고 매수자는 점점 깊은 수렁 속으로 빠지게 됩니다.

물론 급락한 자산은 대부분 언젠가는 오릅니다. 긴축은 언젠간 완화적 통화 정책으로 바뀌기 때문입니다. 긴축이나 기타의 영향, 예를 들어 누구도 예상치 못했던 코로나의 습격과 같은 일이 발생해 경기가 급랭하면 중앙은행은 긴축을 거두고 완화적 통화 정책을 시행하게 됩니다. 이럴 경우 자산시장이 먼저 반응을 보이며 상승합니다. 하지만 그때가 언제가 될지는 누구도 모릅니다. 최소한 그때까진 손실의 부담에서 벗어날 수 없습니다. 과연 얼마나 많은 사람이 그 부담을 견뎌낼 수 있을까요? 정신 건강을 생각한다면 대세 하락기엔 투자를 삼가는 편이 좋습니다.

두 번째 시그널:
정부 정책의 행간을 읽어라

"빚내서 집 사라"
"집값이 큰 폭으로 내릴 수 있으니 추격 매수를 자제하라."

위 두 상반된 메시지는 우리나라 경제를 책임지던 두 경제부총리의 말입니다. 2014년 무렵 박근혜 정부 최경환 부총리는 빚내서 집을 사라고 외쳤습니다. 2021년 여름 전국적으로 부동산값이 최고조에 달한 무렵 문재인 정부 홍남기 부총리는 집값이 큰 폭으로 조정될 가능성이 있으니 매수를 자제하라고 강조했습니다. 경제 정책을 총괄하는 경제부총리의 '워딩'은 과연 시장에 어떻게 작용했을까요?

2008년 금융위기의 발단은 미국의 부동산시장이었습니다. 부실한 주택담보대출로 인해 '리먼 브라더스'라는 거대 투자 은행이 파산한 사건이 촉매제였습니다. 미국 부동산시장의 혼란은 전 세계 부동산시장은 물론 금융시장의 폭락으로 이어졌지요. 물론 한국 부동산시장과 금융시장도 예외가 아니었습니다. 이렇게 급락한 한국 부동산시장은 좀처럼 긴

잠에서 깨어나지 못했습니다. 이에 박근혜 정부는 부동산 활성화를 매개로 한 성장 정책을 채택합니다. 부동산을 부양한다는 말은 집값 하락을 방어하고 완만한 상승을 유도하겠다는 거지요.

방법은 단순합니다. 부동산 가격 역시 수요와 공급에 따라 결정되니까요. 공급을 줄이고 수요를 늘리면 됩니다. 2013년엔 공급을 줄이는 정책을 발표해 수도권 택지 공급을 줄입니다. 추가로 2014년엔 부동산 규제 완화 정책들을 연이어 발표해 수요를 늘립니다. 이 당시 그 유명한 "빚내서 집 사라"는 메시지가 등장합니다. 그 결과 부동산 대출이 대폭 완화됩니다.

수도권 부동산시장은 이때부터 꿈틀거리며 긴 잠에서 깨어납니다. 완만한 회복세를 보이죠. 그러다 2018년 급등세로 바뀝니다. 정책이 효과를 보였다고 할 수 있습니다.

부동산 정책과 금리 정책의 톱니바퀴

문재인 정부는 2017년 5월에 출범합니다. 출범하자마자 부동산시장의 상승세가 문제가 됐습니다. 문재인 정부는 부동산시장의 과열을 양극화의 원인이자 불평등의 씨앗으로 취급했습니다. 문재인 대통령은 취임 한 달 만에 부동산시장에 선전포고를 했고 규제가 연이었습니다. 부동산 관련 세금 강화, 투기 과열 지구 지정, 재건축 및 재개발 규제 강화, 다주택자 금융 규제 강화 등을 축으로 한 이른바 〈2017년 8.2 부동산대책〉은 문재인 정부의 부동산 정책이 어디에 방점이 찍혀 있는지 보여줍니다. 하지만 이런 정책들은 대책 발표 직후에는 어느 정도 작동했지만 한번 불붙은 시장을 잠재우진 못했습니다. 2018년부터 부동산시장은 급등세를 보입니다.

문재인 정부의 부동산 대책은 총 24회에 걸쳐 이뤄집니다. 문재인 대통령 집권기는 내내 부동산시장과의 전쟁이었다고 해도 과언이 아닙니다. 결과는 어떤가요? 실패였습니다. 사실 2008년 금융위기 이후 부동산시장이 활황을 넘어 급등세를 보인 건 우리나라만이 아니었습니다. 거의 전 세계 부동산시장이 들썩였죠. 하지만 이는 변명이 될 수 없습니다. 정책 목표가 명확했기 때문입니다. 부동산시장 안정 정책은 분명 실패했습니다.

여기까지 얼핏 보면 정책이란 시장 가격에 별다른 영향을 미치지 않는 듯합니다. 하지만 그렇지 않습니다. 정책은 분명 시장에 영향을 미칩니다. 하지만 정책만으로는 시장 가격을 쥐락펴락할 수 없습니다. 시장 가격을 결정하는 데는 더 큰 변수가 있다는 거죠. 바로 유동성입니다.

박근혜 정부의 부동산 정책이 들어맞았던 건 정책과 동시에 부동산시장으로 흘러가는 돈줄을 활짝 열었기 때문입니다. 기준금리 역시 집권 내내 내림세였습니다. 2.75%에서 1.25%까지 계속 낮아졌습니다. 시중 유동성이 늘어날 수밖에 없는 환경이었고, 부동산 관련 대출 규제가 완화되며 부동산시장으로의 유입이 원활할 수밖에 없는 조건이 만들어진 것입니다. 결국 유동성 변수와 정책이 맞아떨어지며 부동산시장이 활황을 맞았다고 봐야 합니다.

반면 문재인 정부의 부동산 정책 패인은 부동산 규제 정책과 유동성 확대가 따로 논 데 있었습니다. 문재인 정부는 출범 초기 기준금리를 두 번 인상했습니다. 1.25%에서 1.75%까지 높였지요. 하지만 그 이후 빠른 속도로 낮춥니다. 2019년 7월 1.5%까지 낮췄고, 코로나 바이러스로 인한 침체 위기를 극복하고자 2020년 5월에는 0.5%까지 낮춰 역사상 가장 낮은 금리를 기록합니다. 2021년 8월이 되어서야 금리는 오르게 됩니다. 초반에 0.75%로 올랐고 이런 움직임이 계속돼 2022년 4월에는 1.5%에 이르게 됩니다.

문재인 정부 시기의 금리 움직임은 부동산시장의 흐름과 거의 정확히 일치했습니다. 앞서 금리가 시장 가격에 영향을 주려면 지속적이면서도 강한 움직임이 필요하다고 말했습니다. 0.25%씩 두 번 올린 금리로는 시장 가격에 영향을 주기 어렵습니다. 무엇보다 한번 불붙은 시장은 끄기 매우 어렵습니다. 불이 났을 때 초기 진화가 중요한 것과 같습니다. 시장의 열기가 뜨거워질수록 그것을 진정시키기는 매우 어렵습니다. 미약한 금리 인상만으론 한계가 있을 수밖에 없겠지요.

따라서 통화 정책으로 이뤄지는 거시적 유동성 흐름 이외에도 미시적 유동성 흐름을 조정하는 일이 매우 중요합니다. 문재인 정부는 미시적 유동성 흐름을 억제하는 일에도 실패했습니다. 부동산시장의 유동성 흐름을 차단하려면 강력한 대출 규제가 필요한데 이 부분이 너무 느슨하게 이뤄졌습니다. 그 때문에 부동산 관련 대출 잔액이 계속해서 늘어납니다. 부동산으로 흘러들어 가는 유동성 제어에 실패한 겁니다.

2022년 1월, 부동산시장의 분위기가 바뀌었습니다. 1월 28일 한국부동산원은 서울 아파트값이 24일 기준 전주 대비 0.01% 하락했다고 밝혔습니다. 서울 아파트값 하락은 2020년 5월 넷째 주 이후 약 1년 8개월 만이었습니다. 사실 이런 부동산시장 안정 움직임은 2021년 9월 말부터 조짐을 보였습니다. 상승 폭이 서서히 꺾이고 지방의 일부 지역은 하락세를 보이기도 했으니까요.

이처럼 부동산시장이 안정세로 돌아선 원인은 무엇일까요? 바로 유동성 축소와 부동산 정책이 일치된 모습을 보였기 때문입니다.

한국은행의 기준금리는 2021년 8월부터 올랐습니다. 한국은행은 금리를 올리면서 이 같은 방향을 유지할 것이라고 강하게 예고했고 실제로 그렇게 했습니다. 거시적 측면에서 유동성 축소가 이뤄졌다고 보면 됩니다. 미시적 측면에선 부동산 관련 대출 규제가 본격적으로 시행됩니다. 주택 관련 대출을 받기가 매우 어려워졌고 신용 대출 규모도 대폭 축소됐습니다. 거시·미시적으로 부동산시장에 유입되는 자금줄이 조여들면서 정책이 비로소 작동하기 시작한 겁니다.

이에 더해 공급을 확대하는 정책도 한몫했습니다. 3기 신도시가 본격화되고 공공 주도 주택공급대책으로 80만 호 이상의 주택이 신규로 공급될 것이 확실해졌습니다. 수요 억제, 공급 확대 정책이 어느 정도 효과를 보인 거지요.

중앙은행과 싸우지 마라

정책은 자산시장 가격에 커다란 영향을 미칩니다. 정책이 시장에 우호적이라면 분명 가격은 높게 형성됩니다. 반대로 시장에 비우호적이라면 가격은 낮아질 가능성이 높지요. 다만, 앞에서 살펴봤듯 시장 가격을 결정하는 가장 큰 변수는 유동성입니다. 유동성이 급증하는 상황이라면 정부 정책이 아무리 시장을 억누르려 해도 한계가 있기 마련입니다. 반대로 유동성이 급감하는 상황이라면 정부 정책이 시장을 띄우려 해도 효과는 미진합니다.

투자자 입장에서 최상의 투자 적기는 유동성이 증가하고 정책이 우호적일 때입니다. 반대로 최악의 투자 시기는 유동성이 감소하고 정책이 비우호적일 때입니다. 2021년 8월 무렵부터 부동산시장에 투자했던 분들이 대표적입니다. 금리는 오를 추세에다 정부의 규제는 강화되는 시점에서 시장의 열기만 믿고 투자를 감행했다면 그야말로 섶을 지고 불구덩이로 뛰어든 격이었다고 할 수 있습니다. 최상의 부동산 투자 시점은 2014년이었겠지요. 금리는 내림세고 정부는 집을 사라 했던 때였으니까요.

부동산시장의 오르내림은 필연입니다. 부동산시장이 급락세를 보이면 진보 정권이든 보수 정권이든 부동산시장을 활성화하려는 노력을 하게 됩니다. 한국 가계의 자산은 부동산에 심하게 편중되어 있습니다. 거의 70% 이상이 부동산에 쏠린 상황이죠. 만약 부동산시장이 급락한다면 가계가 파산할 테고 가계 파산은 금융권 리스크로 번질 위험이 큽니다. 정권의 성격과 상관없이 정부가 부동산시장의 급락을 원하지 않는 이유입니다. 다시 말해, 부동산시장이 급락하는 상황에서는 언제든 활황 정책으로 돌아설 수밖에 없습니다. 반대로 과열 현상이 짙어지면 어떤 정권이든 안정을 꾀하는 노력을 하게 됩니다. 부동산시장을 진정시켜야만 정권 유지 및 한국의 건강한 성장이 담보되기 때문입니다.

주식이든 부동산이든 자산시장 투자자 입장에서는 결국 언제 투자할지가 성패를 좌우합니다. 계속 말하지만, 대중은 꼭지에 사려 합니다. 더 오를 것 같은 두려움에 휩싸여 이성을 잃습니다. 반대로 큰 폭으로 내리면 거들떠보지도 않습니다. 아이러니하게도 더 내릴 것 같은 두려움에 휩싸이는 거죠. 투자엔 리스크가 동반합니다.

언제 사야 손실을 최소화할 수 있을까요? 내렸다 해도 더 내릴 수야 있겠지요. 하지만 일단 시장 가격이 하향 조정됐다는 것은 내림 폭이 그만큼 적다는 말이기도 합니다. 설사 그 상태가 장기간 지속된다고 해도 손해를 최소화할 수 있죠.

반대로, 천정으로 오른 가격은 언제든 큰 폭으로 내릴 수 있습니다. 리스크가 그만큼 크다는 거죠. 리스크의 최소화가 현명한 투자입니다. 거기에 더해, 정책까지 우호적이라면 망설일 이유가 없겠지요. 한데, 정부는 투자하지 말라 하는데 투자를 감행하는 사람이 있습니다. 단기적으론 이득을 볼 수 있겠지요. 하지만 그 누구도 중앙은행과 정부의 힘을 이길 수 없습니다. "중앙은행과 싸우지 마라", "정부 정책에 역행하지 마라"는 투자자라면 소중히 간직해야 할 금언입니다.

세 번째 시그널:
자산시장의 주기를 읽어라

"언제 사야 하나요?"

위 질문은 강연을 나가면 가장 많이 듣는 질문입니다. 저는 역으로 되묻습니다.

"왜 투자를 하려고 하나요?"

질문을 받은 사람은 어리둥절해합니다. 그걸 질문이라고 하느냐는 듯 저를 바라보지요. 압니다. 투자를 하는 이유는 누구나 같습니다. 돈을 벌기 위해서지요. 부자가 되고 싶어서입니다. 투자로 부자가 되려면 긴 시간이 필요합니다. 여기서 긴 시간이란 긴 호흡으로 투자하라는 말입니다. 누구나 빨리 부자가 되고 싶어 합니다. 하지만 여기에 실패의 함정이 도사리고 있지요. 투자의 적은 다음 세 가지라 할 수 있습니다.

1. 성급한 투자 : 지금 사지 않으면, 혹은 당장 팔지 않으면 큰일이 벌어질 것 같은 조급함이 우리를 서두르게 합니다. 사려고 했던 주식 가격이 조금씩 오릅니다. 더 오르기 전에 사야겠다는 조급함에 서둘러 삽니다. 하

지만 사자마자 주식 가격은 곤두박질을 칩니다. 반대로 보유했던 주식 가격이 조금 내리면 더 떨어질 것 같은 두려움에 서둘러 팝니다. 하지만 팔자마자 주식 가격은 다시 반등해 급상승에 들어섭니다.

대부분 이런 경험을 해봤을 겁니다. 이유가 뭘까요? 명확한 원칙이 없기 때문입니다. 얼마에 사고 얼마에 팔겠다는 원칙을 정했다면 지켜야 합니다. 하지만 대부분은 시장에 휘둘리지요. 이는 대부분 실패로 이어집니다.

2. 잦은 투자 : 투자자의 형태는 다양합니다. 투자 기간을 기준으로 나눈다면 장기, 중기, 단기, 초단기 투자자로 분류할 수 있겠지요. 어떤 형태가 가장 좋은지 정답은 없습니다. 투자 형태는 결국 투자자 개인의 성향에 따라 결정되기 때문입니다. 각자는 자신에게 가장 적합한 투자 행태를 보일 수밖에 없습니다. 다만, 전문 투자자가 아닌 일반 투자자에게 잦은 투자는 계좌를 마이너스로 만드는 첩경이 될 수 있습니다.

잦은 투자는 결국 조급함의 결과물입니다. 원칙에 따른 능동적 매매가 아닌 시장에 휘둘린 수동적 매매일 가능성이 큽니다. 잦은 투자는 이익을 작게 만듭니다. 손실을 최소화할 수 있다고 생각하겠지만 그렇지 않습니다. 손실이 난 주식이나 부동산을 과감하게 처분하는 사람은 많지 않습니다. 손실 회피 심리가 작용하기 때문이죠. 결과적으로, 잦은 매매로 얻은 이익은 작은 반면 손실은 큰 경우가 대부분입니다. 실패로 이어질 확률이 높습니다.

3. 레버리지 투자: 레버리지란 지렛대를 뜻합니다. 경제 용어로 쓰일 때는 타인자본, 즉 빚을 지렛대로 이용해 자기자본 수익을 증대하는 행위를 말합니다. 투자에 빚을 이용해 수익을 극대화하려는 방편입니다. 익히 아는 부동산 갭투자나 주식신용거래가 대표적입니다.

레버리지 투자는 양날의 검입니다. 성공했을 때는 수익률을 극대화합니다. 반면 실패할 경우엔 그만큼 위험성도 크겠지요. 빨리 부자가 되고 싶은 욕망은 우리를 레버리지 투자로 이끕니다. 자기자본 1억 원만으로 주식을 사서 배가 올랐다면 순수익은 1억 원이 됩니다. 자기자본 대비 100%의 수익입니다. 이때 타인자본, 즉 빚을 4억 원을 내서 총 5억 원을 투자했는데 배로 올랐다면 순수익은 5억 원이 되고 수익률은 자기자본 대비 자그마치 500%에 달하게 됩니다. 유혹은 매우 강렬합니다.

하지만 모든 투자가 성공하지는 않지요. 보통 성공의 확률보다 실패의 확률이 높습니다. 만약 가격이 100% 떨어졌다면 어떻게 될까요? 자기자본 1억 원을 투자했다면 1억 원 손해로 그칩니다. 하지만 4억 원을 빌려 총 5억 원을 투자했다면 자기자본 1억 원은 물론 4억 원까지 날리게 됩니다. 4억 원에 달하는 빚은 고스란히 남지요.

레버리지 투자는 신중해야 합니다. 빨리 부자가 되고 싶은 욕망은 우리를 진짜 '벼락거지'로 만들 수 있습니다.

패턴을 읽으면 매수 시점이 보인다

조급함은 투자의 가장 큰 적입니다. 그렇다면 어떤 방식으로 투자해야 할까요?

이익을 가장 많이 남길 수 있는 투자 방식은 최저점에 사서 최고점에 파는 겁니다. 하지만 최저점과 최고점을 알기는 불가능합니다. 인공지능도, 그 어떤 전문가도 알아낼 수 없습니다. 투자자로서 우리는 과거 역사의 경험에 대입해 유추할 수 있을 뿐입니다. 21세기 들어 주식시장은 대략 10년 주기로 폭락과 폭등을 반복해왔습니다. 사실, 이때가 투자자에게 최고의 기회입니다. 폭락한 시장에는 펀더멘털 이하로 떨어진 좋은 매물이 널려 있기 마련입니다. 대부분이 관심을 갖지 않을 때죠. 이때 사면 충분한 수익이 보장됩니다.

두 번째 투자 적기는 바로 조정기입니다. 주식시장의 경우 고가에서 10% 이상 떨어지는 현상을 조정 correction 이라고 합니다. 미국의 투자자이자 금융인인 피터 린치에 따르면 20세기에 이런 조정장은 총 53번 있었습니다. 평균 2년에 한 번꼴로 발생했지요. 여기서 25% 이상 하락하는 경우를 하락장이라고 합니다. 20세기 53번의 조정장 중에서 하락장은 15번 있었고, 평균 6년에 한 번꼴로 발생했습니다. 6년에 한 번꼴로 발생한 하락장에 매수를 하면 높은 수익이 보장되는 건 자명합니다. 2년에 한 번꼴로 발생하는 조정기에도 어느 정도 수익은 보장되겠지요.

21세기에 폭락장은 세 번 있었습니다. 2001년 하반기에 불거진 닷컴 버블 붕괴, 2008년 금융위기 이후의 폭락, 그리고 2020년 초에 불거진 코로나 바이러스로 인한 급락입니다. 이 중 닷컴 버블 붕괴의 여파는 2년여 동안 시장을 짓눌렀습니다. 반면 2008년 금융위기의 여파는 1년여 간만 지속되었고, 코로나 바이러스로 인한 시장 급락은 두 달여 만에 반등 국면으로 전환했습니다. 21세기 들어 주식시장은 약 10년을 주기로 폭락했습니다. 하지만 그 폭락의 여파가 지속되는 기간은 점차 짧아짐을 알 수 있습니다. 이유가 있겠지요.

오래 걸릴지라도 조정기를 노려라

우선, 시장 급락의 원인이 무엇인지에 따라 그 지속 기간은 달라집니다. 실물경제에 부정적인 영향을 미치는 펀더멘털 훼손 여부에 따라 달라지는 거지요. 닷컴 버블과 금융위기의 여파가 길었던 것은 기업 펀더멘털과 경제 기초가 흔들렸기 때문입니다. 반면 코로나 이후의 급락세가 단기에 그쳤던 이유는 원인이 경제 펀더멘털 훼손이 아닌 다른 데 있었기 때문입니다. 코로나 바이러스 확산에 따른 침체가 원인이었던 거죠.

갈수록 급락의 지속 기간이 짧아지는 데는 또 다른 이유도 있습니다. 바로 중앙은행의 대응이 공격적으로 변했기 때문입니다. 제로금리나 양적완화 등은 20세기까지만 해도 생각할 수 없던 방식이었습니다. 하지만 오늘의 중앙은행은 과거엔 생각할 수 없던 과감한 수단을 활용하여 유동성을 무차별 공급합니다.

이런 과감한 방식은 자산시장이 실물경제와 깊이 얽힌 현대 경제의 구조적 특성에서 기인합니다. 오늘의 경제는 자산시장이 붕괴되면 실물경제 역시 초토화될 수밖에 없습니다. 자산시장이 폭락하면 소비는 급감합니다. 그에 따라 기업의 투자 역시 줄어들 수밖에 없겠지요. 소비와 투자가 얼어붙으면 침체는 불가피합니다. 그 기간이 길어질수록 경제의 병은 깊어지겠지요. 중앙은행과 정부는 이런 상황을 잘 알고 있습니다. 그래서 무슨 수를 써서든 자산시장을 방어하려고 합니다. 앞으론 어떨까요? 중앙은행과 정부는 더욱 공격적으로 대응할 것이 분명합니다.

최적의 시점을 선택했느냐는 투자 성공 원인의 절반 이상을 차지합니다. 전문 투자자가 아니라면 기다릴 수 있어야 합니다. 조정기 및 하락기는 반드시 온다는 믿음을 가져야 합니다. 그때까진 열심히 총탄을 마련해야지요. 총탄이란 자기자본을 의미합니다. 빚에 의지한 투자는 조급함을 낳고 이는 실패로 연결되기 쉽습니다. 차분히 인내심을 갖고 기다리다 보면 기회가 옵니다. 이 기회를 살리면 큰 이익을 얻을 수 있습니다. 자잘한 잦은 성공보다 몇 번의 큰 기회를 살리는 쪽이 훨씬 유리합니다. 몇 년을 기다려야 할 수도 있겠지요. 이 기다림에 익숙해져야 투자 성공이 보장됩니다. 인내심은 투자의 가장 큰 덕목입니다.

인플레이션의 귀환:
현대의 인플레이션은 과거와 다르다

2021년 초 세계는 희망에 들떠 있었습니다. 코로나19 바이러스란 터널의 끝이 보였고, 경제 역시 좋았으니까요. 거칠 것 없는 회복세와 재정·통화 정책으로 풀린 천문학적 규모의 돈이 인플레이션 압력을 가중하리라는 전망이 있었지만, 주요 중앙은행은 '일시적' 현상에 그치리라고 치부했습니다. 저 역시 그랬고요. 2021년 여름까지만 해도 인플레이션은 지나가는 바람 같을 것이라고 생각했습니다. 높은 수준의 부채가 경제활동을 억압해 인플레이션보다는 디플레이션의 가능성이 크다고 믿었지요.

그런데 가을로 접어들면서 상황이 바뀌었습니다. 인플레이션이 '상당 기간' 지속될 수 있다는 생각이 점점 뿌리를 틀었습니다. 겨울에 들어서면서부터 인플레이션은 그 뿌리가 깊어졌습니다. 마침내 돌아온 겁니다.

경제협력개발기구OECD는 2021년 12월 주요 20개국G20의 2022년 인플레이션 전망치를 4.4%로 예상했습니다. 2021년 9월 전망치는 3.9%였는데, 불과 3개월 만에 대폭 높아졌습니다. 특히 미국은 5% 중반에 이를 것으로 전망했는데, 놀랄 일은 아닙니다. 미국의 전년 동월 대비 물가상승률은 2021년 10월 6.2%, 11월 6.8%에 이르렀으니까요. 이는 거의

40년 만의 최고치입니다.

2022년 들어 상황은 점차 악화합니다. 동년 2월 러시아가 우크라이나를 침공하자 인플레이션은 괴물이 되었습니다. 국제 유가는 배럴당 100달러를 넘어섰고 곡물가와 원자재 가격이 뛰면서 시중 물가가 점차 올랐습니다. 미국 소비자물가지수 상승률은 1월 마침내 7%를 돌파했고 3월엔 8.5%까지 치솟았습니다. 6월엔 9.1%로 9%의 벽을 뚫었지요. 7월엔 약간 낮아지긴 했지만 8.5%에 달했습니다. 한국도 비슷합니다. 2022년 3월 4%를 뚫은 물가 상승률은 7월 6.3%에 달했습니다.

통화 정책만으로 물가를 잡을 수 있을까?

각국 중앙은행은 화들짝 놀랐겠지요. 거침없이 치솟는 물가를 잡기 위해 이른바 '자이언트스텝'을 밟아 0.75%씩 금리를 올립니다. 설명을 덧붙이자면 0.25% 금리 인상을 베이비스텝이라 하고 0.50%를 빅스텝이라 합니다. 베이비스텝은 경제에 미치는 영향이 제한적입니다. 0.50%와 0.75%는 모두 경제에 충격을 주는데, 그 정도에 차이가 있습니다. 금리 인상은 긴축을 의미하고, 전통적으로 인플레이션을 잡을 수 있는 효과적인 방법이었습니다. 그렇다면 현재의 인플레이션에도 효과가 있을까요? 이 부분은 의문입니다. 지금의 인플레이션 현상이 전통적 형태라고 보기 어렵기 때문이죠.

코로나19 바이러스를 물리칠 수 있다는 희망에 수요가 늘기는 했습니다. 하지만 절대량이 늘었는지는 생각해볼 문제입니다. 감염병 대유행으로 급격히 줄었던 수요가 되살아나는 기저 효과성 base effect 증가라고 봐야 합니다. 공급 부족 양상도 전통적인 양상과 차이가 있습니다. 생산량 부족이라기보다 공급망 혼란에 따른 부족이죠. 물론 화폐의 과잉 공급이 자산시장의 인플레이션에 영향을 끼친 것은 틀림없습니다. 하지만 이는 초저금리 시대마다 있었던 현상으로, 전반적인 물가 상승세를 유도한다고 볼 수는 없습니다. 지금 인플레이션은 공급망 혼란을 주요 원인으로 여러 현상이 복합되면서 만들어졌습니다.

코로나19로 인한 침체는 수많은 사람을 일자리에서 내몰았습니다. 이제 회복 국면이고, 그렇다면 이들은 적극적으로 일자리를 찾아 다시 일해야 합니다. 그런데 불가사의하게도 전 세계적으로 일할 사람을 구하기 어렵다고들 합니다. 결국 현재 공급망 혼란과 물류 시스템 붕괴의 가장 큰 원인은 '인력 부족'입니다. 노동에 관한 시대정신의 변화에 기인하는 인력 부족이 공급망 혼란으로 이어져 특정 재화의 가격과 임금 상승을 낳고 인플레이션을 부채질하는 겁니다.

정책 오류나 개입도 문제를 키웠습니다. 도널드 트럼프 전 대통령이 촉발한 무역 전쟁은 일시에 공급망을 혼란에 빠뜨렸습니다. 3년 전 트럼프가 미국 기술을 사용한 중국산 반도체 수입을 중단하지 않았다면 현재와 같은 반도체 부족 현상이 발생하지 않았을 수도 있습니다. 각국이 탄소 중립을 표방하며 친환경 및 신재생에너지로의 전환을 가속하지 않았다면 에너지 가격 급등 현상을 피했을 수도 있겠죠. 바이든 행정부가 추진하는 동맹 위주의 공급망 재편도 한몫합니다. 중국을 배제하려는 미국의 정책은 기존 국제 공급망에 혼란을 불러옵니다. 급격한 전환은 갈등을 낳고 시스템에 부하를 주기 마련이죠.

빅데이터 혁명도 한몫했습니다. 기술 발달은 '최적화'를 이끌었고, 재고나 잉여를 최소화하는 기술은 이미 일상이 됐습니다. 하지만 어떤 시스템이든 잉여가 없으면 취약해집니다. 문제가 생기면 대처할 방법이 없기 때문입니다. 공급망 혼란으로 공급이 부족해지면 대응할 방법이 마땅치 않지죠. 재고가 거의 없으니 가격이 오를 수밖에 없습니다.

문제는 이런 요인을 통제하기가 매우 어렵다는 점입니다. 재고나 잉여를 늘리는 방법이 해결책이 될 수도 있습니다. 하지만 모든 경제 주체가 그렇게 시도한다면 상황은 더 심각해질 겁니다. 일시에 수요가 늘어날 테니 인플레이션은 더 심해질 테죠. 정책 변화 역시 마찬가지입니다.

인플레이션, 이제는 다른 해결책이 논의되어야

결국 사회정치적 합의가 필수입니다. 노동 부족이라는 매우 어려운 근본 문제를 해결하려면, 노동의 의미가 시대정신에 따라 어떻게 변화했는지를 이해하고 사회적으로 노동의 가치를 합의, 도출하는 과정이 우선입니다. 이 과정은 천문학적 비용을 수반하겠죠.

결국 비용 증가를 피할 방법이 없습니다. 인플레이션이 불가피하죠.

적어도 공급망 재편이 마무리될 때까지는 그렇습니다. 하지만 현재 주요 중앙은행의 인플레이션 대응은 통화 정책에 치중되었습니다. 발생 원인이 다른데 해법은 과거와 같습니다. 오늘의 인플레이션에 적절한 해법이 될 수 있을지 의문입니다.

사실 인플레이션을 잡는 방법은 간단합니다. 수요를 파괴하면 됩니다. 둔화가 아닌 파괴 말입니다. 파괴란 곧 '침체'를 의미합니다. 수요가 급감하면 기업들은 문을 닫고 수많은 사람이 일자리를 잃겠죠. 이것이 진짜 침체입니다. 인플레이션을 잡으려면 '침체'를 유도해야 합니다. 하지만 어떤 정부와 중앙은행이 이것을 할 수 있을까요?

2022년 8월 각국 중앙은행, 특히 연준은 연일 강도 높은 매파적 발언을 쏟아내며 시장과 경제에 충격을 주려 합니다. 하지만 실제 행동은 말과 다릅니다. 여전히 연착륙을 부르짖으며 침체 가능성을 일축하죠. 이는 결국 어떻게든 침체를 피하려 한다는 뜻입니다.

침체를 피하는 법은 하나밖에 없습니다. 정말 강한 긴축을 하지 않는 겁니다. 여기서 말하는 강한 긴축이란 빅스텝, 자이언트스텝, 그레이트스텝(1% 금리 인상)을 말하는 게 아닙니다. 시장의 예상을 뛰어넘는 금리 인상을 말하죠. 한마디로, 금리 인상의 속도를 조절하는 수밖에 없습니다. 이런 식으로 물가를 잡을 수 있을까요? 결론은 분명합니다. 경기 둔화를 만들어낼 수는 있지만 물가를 목표치로 끌어내리기는 불가능합니다. 우린 생각보다 오랜 기간 고물가, 고금리를 견뎌내야 할 겁니다.

6장

시장 심리를 이해해야 실패를 줄인다

$ 변덕스러우면서도 견고한 시장 심리를 읽는 기술

$ 조정과 폭락의 신기루에서 벗어나라

$ 시장 열기의 거품이 빠지는 시점은 언제인가

$ 손실 회피 성향을 끊어낼 때 시장이 바로 보인다

변덕스러우면서도 견고한
시장 심리를 읽는 기술

자산시장 중에서도 금융시장, 특히 주식시장은 한 방향으로만 움직이지 않습니다. 추세, 즉 상승과 하락의 방향이 형성돼서 한 쪽으로 움직이는 것처럼 보여도 단기적으론 오르내림이 반복됩니다. 이것이 투자를 힘들게 하는 요인입니다. 한 방향으로 지속적으로 움직인다면 고민할 필요가 없겠지요. 한데, 대세 상승기라도 주가는 출렁이며 움직입니다. 이때 투자자는 혼란에 휩싸입니다. 분명 대세 상승기라 투자에 나섰는데 사자마자 내립니다. 확신이 없는 사람이라면 하락하는 그 하루나 며칠을 버티지 못하고 팔고 말겠지요. 하지만, 팔자마자 그동안 힘을 못 쓰던 주식은 거짓말처럼 큰 폭으로 상승합니다. 부랴부랴 다시 삽니다. 그 결과는 어떨까요? 거짓말처럼 다시 내립니다.

금융시장, 특히 주식시장은 몇 가지 특징이 있습니다. 그중 기본적인 것 몇 가지는 반드시 이해를 하고 있어야 실패를 줄이고, 흔들리는 시장에서 중심을 잡을 수 있습니다.

자기충족적 예언과 자산시장의 상관관계

'피그말리온 효과'란 용어를 들어봤을 겁니다. 피그말리온은 그리스 신화에 등장하는 독신의 조각가로, 현실의 여인에게서는 좀처럼 자신의 이상형을 찾지 못해 완벽한 여성을 창조하기로 마음먹습니다. 상아를 빚어 원하던 여인상을 조각한 그는 그 조각상과 사랑에 빠져 결혼까지 결심하기에 이릅니다. 피그말리온은 여신인 아프로디테에게 조각상에게 생명을 달라 기도하고 마침내 기도가 현실이 돼 인간이 된 조각상과 부부의 연을 맺어 행복하게 살았다고 합니다.

그야말로 신화 속에서나 가능한 얘기지요. 하지만 결국 무엇을 이루고자 하는 열정이나 힘에는 그만한 잠재력이 있다는 것을 표현한 이야기입니다. 설사 그것이 불가능해 보일지라도 말입니다. 피그말리온 효과는 보통 교육 현장에서 많이 목격됩니다. 교사나 부모가 특정 학생에게 기대와 믿음을 갖고 이를 보여주면 결국 학생은 그에 부응하여 행동하고 무언가를 성취하기에 이릅니다. 기대와 믿음이 결국은 원하는 결과를 낳는 거지요. 이것이 바로 '피그말리온 효과'입니다.

피그말리온 효과는 '자기충족적 예언 self-fufilling prophecy'과 일맥상통합니다. 잠이 너무 많아 새벽에 일어날 수 없는 사람이 스스로에게 다음과 같은 주문을 겁니다. "나는 잠이 많지만 일찍 잠자리에 들 수 있고 남들처럼 일찍 일어나 운동도 할 수 있어." 스스로에게 뭔가를 해낼 수 있다는 믿음을 주입하는 거지요. 그러곤 마침내 해냅니다. 말이나 믿음이 씨가 되어 결과를 만들어냅니다. 한데 이게 자산시장과 무슨 관련이 있는 걸까요?

시장을 움직이는 요인은 시장 참여자 수가 얼마나 되느냐와 이들의 믿음과 기대가 어느 쪽으로 집중되느냐입니다. 많은 사람이 참여할수록 시장의 움직임은 커집니다. 움직임의 방향은 참여자의 기대와 믿음이 어느 쪽인가에 달렸겠지요. 가령 시장은 내린다고 믿는 사람이 많을수록 하락할 테고, 오른다고 믿는 사람이 많아질수록 상승할 겁니다.

하지만 인간의 심리는 예측할 수 없다는 점이 문제입니다. 언제든 변할 수 있지요. 뜨겁게 불타오르던 시장이 하루아침에 식는 이유는 이 때문입니다. 대중의 믿음과 기대는 지극히 추상적이고 일관되지 않습니다. 피그말리온의 사랑처럼 영원하다면 시장 가격의 오르내림은 애초에 발생할 수 없겠지요. 일방의 상승, 하락만이 가능할 겁니다. 하지만 현실의 우리는 생각보다 변덕스럽습니다.

특정 주식에 열광적인 지지를 보내는 사람이 있습니다. 맹목적으로 보이기도 하지요. 하지만 사이비 종교를 믿는 광신도가 아닌 다음에야 대부분의 시장 참여자는 매수 시 반드시 매도 시점을 상정합니다. 목적이 투자든 투기든, 자산시장 참여자 모두는 차익을 남길 목적으로 시장에 참여합니다. 다시 말해 투자 목적으로 뭔가를 샀다면 그것이 오를 거라 기대했다는 뜻입니다. 아파트를 실거주로 매입한다 해도 오를 가능성이 없다면 대부분은 사기를 머뭇거릴 겁니다. 내릴 가능성이 높은 자산을 투자 목적으로 사는 사람은 거의 없습니다. 최소한 손해는 보지 않을 거란 기대로 삽니다.

　함정은 여기에 있습니다. 기대나 믿음은 매우 허약합니다. 부서지기 쉽지요. 대부분이 오를 거라 기대했어도 무언가가 바뀌면 그 기대와 믿음은 일순간 허물어집니다. 예를 들어 강한 긴축이 시작된다거나 기대했던 개발이 이뤄지지 않으면, 혹은 변동금리로 빌린 대출 금리가 오르면 기대 수익이 줄어들면서 사람들의 심리에 변화가 일어납니다. 특정 바이오 기업이 약속했던 신약 개발에 실패한 경우도 마찬가지입니다. 이때 시장 참여자 중 발 빠른 이들이 먼저 팔기 시작합니다.

　가격이 조금씩 하락 조정을 보이면 어찌 될까요? 혹시나 하는 기대와 믿음을 갖고 머뭇거리던 사람들 심리에 변화가 일어납니다. 옆집 아파트 거래 가격이 내리고 내가 가진 주식 가격이 하락하는 상황을 무심히 받아들일 사람은 많지 않습니다. 하나둘 매도하는 사람이 늘어나면서 가격은 본격적인 하락세로 접어들지요. 기대와 믿음이 무너진 시장은 마침내 폭락하게 됩니다.

　그럼에도 기대나 믿음은 펀더멘털을 이기지 못합니다. 펀더멘털이란 기초경제여건을 말합니다. 경제가 침체 국면으로 접어들거나 부채 폭증으로 경제 주체의 부담이 가중된 때라면 자산시장이 오를 거란 기대나 믿음은 희석되기 마련입니다. 설사 그런 기대나 믿음이 있다 해도 돈줄이 점차 말라가면 가격이 오르는 데에는 한계가 있습니다.

인간의 심리보다 강력한 건 시장의 유동성이다

한데, 우습게도 시장의 열기는 생각보다 오랜 기간 지속됩니다. 왜일까요? 시장이 열기에 찬 상황에서 펀더멘털은 쉽게 무시됩니다. 너무나 많은 사람이 시장에 진입해 있기 때문에 펀더멘털 변화 가능성에도 불구하고 이들의 기대와 믿음은 쉽게 사그라지지 않습니다. 기대와 믿음은 부서지기 쉬우면서도 생각보다 견고합니다.

이율배반적으로 들리겠지만 대중은 무언가를 직접 맞닥뜨려야 현실을 자각하는 경향이 있습니다. 금리 인상과 대출 규제의 예고가 확실해도 그것이 실제로 이뤄져야 변화를 깨닫습니다. 스마트머니보다 한발 느린 이유입니다. 자신의 기대와 믿음이 펀더멘털을 이길 수 있다고 착각하는 거죠. 2021년 여름 부동산시장이 꼭지에 이르렀다는 전문가들의 평가에도 사람들이 아파트를 영끌해서 매수한 것도 이 때문입니다. 미국의 긴축이 충분히 예상 가능함에도 미국 주식을 끌어모은 서학개미들이 또 다른 대표 사례입니다.

헷갈리실 겁니다. 기대와 믿음은 깨지기도 쉽지만 견고한 양면성을 갖고 있습니다. 기대와 믿음이 신념으로 변하면 그야말로 철옹성이 됩니다. 하지만, 기대와 믿음을 신념화하는 사람은 생각보다 많지 않습니다. 자산시장에서도 마찬가지입니다.

스마트머니들은 이를 투자에 적극 이용합니다. 무언가 펀더멘털에 변화가 감지되면 이들은 남들보다 먼저 시장에 진입하거나 빠져나옵니다.

그 뒤를 대중이 따르지요. 일부 대중은 생각보다 빠르게 이들 뒤를 따라 행동합니다. 이들은 이익을 보거나 적어도 손실을 최소화할 수 있습니다. 하지만 대부분의 대중은 머뭇거리다가, 혹은 잘못된 판단, 즉 펀더멘털을 완전히 무시한 기대와 믿음에 의존하다가 커다란 손해를 보게 됩니다.

자산시장을 움직이는 건 '유동성'이라는 점을 잊으면 안 됩니다. 돈이 공급되지 않는 시장은 오를 수 없습니다. 기대와 믿음만으로 뭔가를 살 수 없습니다. 시장은 누군가가 사야 오릅니다. 그런데 사려면 돈이 필요합니다. 돈의 공급 여부와 그 양이 결국 시장 가격을 결정한다는 사실을 인식하지 않으면 투자 실패는 불가피합니다.

먼저 사고 먼저 팔아 이득을 키우는 기술

그렇다면 이런 대중의 기대와 심리 변화를 어떻게 투자에 이용할 수 있을까요? 시장이 충분히 냉각되어 대중의 기대와 심리가 사라진 시점이 역설적으로 가장 좋은 투자 적기일 수 있습니다. 반대로 시장의 열기가 치솟아 대중의 기대와 심리가 최고조에 이른 시점은 매도의 적기일 수 있겠죠.

현대의 자산시장은 오르내림을 반복할 수밖에 없습니다. 돈이 만들어 내는 요술이지요. 냉각기가 오래 지속된 시장은 반드시 정부와 중앙은행이 부양합니다. 자산시장 냉각은 곧 경제 침체를 의미하기 때문입니다. 이를 막기 위해서 돈을 풉니다. 하지만 이때 일반 대중은 과거 손해를 본 경험 때문에 자산시장 참여를 머뭇거립니다. 거듭 말하지만 대중은 뭔가를 직접 맞닥뜨려야 실감하는 경향이 있습니다. 오르는 걸 봐야 사고 내리는 걸 봐야 팝니다. 이때 현명한 투자자는 남들보다 앞서 사고 먼저 팝니다.

반대로 과열이 오래 지속된 시장은 언젠가는 정부와 중앙은행에 의해 냉각기를 거치게 됩니다. 자산시장 과열은 필연적으로 신용 확대의 결과물이기 때문입니다. 신용은 너무 급하게 빠른 속도로 팽창하면, 다시 말해 경제 성장률 이상으로 급하게 늘어나면 경제의 부담으로 작용하게 됩니다. 과도한 빚은 경제를 짓누릅니다. 소비 여력과 잠재 성장률을 떨어뜨려 급작스런 충격에도 쉽게 무너지는 경제 구조를 만들어냅니다. 이를 막으려면 신용 확대 추세를 연착륙시켜야 합니다. 그래야 경제에 미치는 부정적 영향을 최소화할 수 있습니다.

그 과정에서 긴축은 필수입니다. 긴축이란 풀린 돈이 퇴장하는 것이고 이는 자산시장에 부정적으로 작용합니다. 자산시장의 열기는 점차 식어가겠지요. 이때 현명한 투자자는 남들보다 앞서 행동합니다. 매도에 나서는 거죠. 남들이 팔지 않을 때 팔아야 이득도 큽니다. 너도나도 파는 시장에서는 살 사람을 구하기도 어려울 뿐만 아니라 자산 가격이 점차 낮아지니까요.

살 사람이 여전히 있고 가격이 높게 유지될 때 파는 사람이 현명합니다. 그때는 당연히 자산시장의 돈줄이 점차 말라갈 전망이 분명해질 겁니다. 중앙은행이 긴축을 예고하거나 정부가 대출 규제를 가시화할 때가 되겠지요. 금리 인상이나 대출 규제가 일회성에 그칠 때를 말하는 게 아닙니다. 지속적인 금리 인상, 대출 규제, 강도 증가 등이 수반돼야 합니다. 무엇보다 이런 움직임을 미국 중앙은행인 연준이 보일 때가 매도의 최적기임을 분명히 알아야 합니다.

전설의 투자자인 앙드레 코스톨라니는 투자자를 두 부류로 나눴습니다. '소신파'와 '부화뇌동파'입니다. 시장의 과열 국면은 오래갈 수 있습니다. 이 기간에 소신파가 보유하던 자산을 부화뇌동파가 사들입니다. 그러면 과열 국면은 종말을 맞게 됩니다. 부화뇌동파는 현금을 이미 소진했고 더 이상 사줄 사람이 없는 시장은 맥없이 추락하죠.

자산을 팔아 현금을 쥔 소신파는 이때 시장에 진입하지 않습니다. 묵묵히 때를 기다리죠. 이들은 가격이 충분히 내릴 때까지 기다릴 줄 압니다. 현금을 손에 쥐었기에 서두를 일도 없습니다. 인내심은 현명한 투자자의 가장 큰 덕목입니다. 시장을 맥없이 추종하는 투자자와 자신이 원하는 가격이 올 때까지 기다리는 투자자 중 누가 성공할까요? 답은 자명합니다.

조정과 폭락의
신기루에서 벗어나라

주식시장이 하락하면 '조정'과 '폭락'이란 용어를 자주 듣게 됩니다. 한데, 이 두 용어엔 어떤 차이가 있을까요? 동일한 하락을 두고 어떤 신문은 조정이라 하고 어떤 방송에서는 폭락이라 말합니다. 헷갈릴 수 있습니다.

조정이란 주가가 어느 정도 하락할지 예상할 수 있는 상태를 말하고 폭락은 하락의 끝을 알기 어려운 상태를 말합니다. 한데, 이 정의는 기준이 명확하지 않습니다. 어떤 이들은 좀 더 명확하게 물가 상승률을 기준으로 삼기도 합니다. 물가 상승률 정도의 하락을 조정으로, 그 이상을 폭락으로 정의하는 거죠. 전통적인 금융시장에서는 폭락을 하루 10% 이상의 가격 하락으로 정의하기도 합니다. 그 이하의 하락이면 조정이라 하지요.

하지만 이런 모든 설명이 간과하는 부분이 있습니다. 바로 하락을 받아들이는 투자자들의 심리 상태입니다. 5% 하락을 조정이라 생각하는 사람도 있고, 폭락이라 여기며 공포에 떠는 사람도 있습니다. 자산시장은 결국 사람들 심리가 만들어냅니다. 계속해서 말하지만, 조정과 폭락이란 결국 현재의 하락을 얼마나 많은 사람이 어떤 식으로 인식하고 반응하느냐로 결정된다고 할 수 있습니다.

지속적 금리 인상은 분명 자산시장에 부정적인 영향을 미칩니다. 하지만 금리 인상만으로 주식시장이 폭락, 즉 그 끝을 알 수 없는 수렁 속으로 하락하는 경우는 최소한 21세기 들어서는 사라졌습니다. 왜일까요?

현대의 중앙은행은 향후 통화 정책을 사전에 충분한 고지합니다. "금리를 올릴 것이다, 혹은 내릴 것이다"를 비교적 명확히 밝힙니다. 투자자들 상당수가 미리 대비하기 마련입니다. 리스크는 대비하면 그 피해가 반감합니다. 가령 언제쯤 화산이 폭발할지를 미리 안다면 대피가 가능한 것과 마찬가지입니다. 금리 인상이 충분히 예고된다면 대부분의 투자자는 그 리스크에 대비를 합니다. 따라서 부정적인 충격이 있어도 일정 수준에서 그치기 마련입니다. 폭락이 오기보다는 조정 국면이 오는 거지요.

폭락장을 기회로 만드는 자세

21세기 들어 자산시장 폭락은 세 번 있었습니다. 2001년 IT 버블 붕괴, 2008년 금융위기, 2020년 코로나 사태입니다. 주목해야 할 부분은, 이들 폭락장의 원인이 금리 인상이 아니었단 점입니다. 다시 한번 리스크란 무엇인지 생각해봅시다. 지진이나 화산 폭발 등 재난은 누구도 예상하지 못했을 때 참화로 이어집니다. 정확히는 예상한 사람이 적을 때겠지요. 자산시장, 특히 주식시장의 폭락 기재 역시 비슷합니다.

나심 탈레브가 《블랙 스완》에서 언급한 칠면조 우화는 많은 걸 생각하게 합니다. 가정에 입양된 칠면조는 안전한 삶을 누립니다. 좋은 사료를 공급받고 넓은 사육장에서 편안히 살지요. 단, 추수감사절까지만입니다. 칠면조에게 위기는 갑자기 찾아옵니다. 추수감사절, 칠면조는 목이 베이고 맙니다. 아이러니하게도 칠면조는 죽는 순간까지 자신의 죽음을 전혀 예상하지 못합니다. 안락함이 계속되리라 믿지요. 하지만 실제론 추수감사절이 다가올수록 칠면조의 리스크는 증폭해왔습니다. 칠면조가 최고로 안락했을 때는 리스크가 최고조에 달했을 때였지요.

이게 반드시 칠면조 세계만의 일일까요? 익숙하고 평온할수록 다가올 위기의 충격은 큽니다. 그리고 그것은 오늘의 경제 체제에서 언젠가는 반드시 옵니다. 우린 평균과 정상이란 용어에 매몰되어 있습니다. 그 결과 정규 분포를 지나치게 신뢰하게 됐습니다. 이는 어쩌면 당연합니다. 사회와 자연 현상 대부분이 정규 분포 속성을 보이기 때문입니다. 문제는 극히 예외적으로 발생하는 이벤트입니다. 세상에선 정규 분포를 벗어난 사건들이 수많은 피해를 양산해냅니다.

시장도 마찬가지입니다. 95%의 시간 동안 시장은 평온합니다. 우리는 이를 '정상'이라 부릅니다. 그러나 나머지 5%의 극히 예외적인 시간 동안 엄청난 피해가 발생합니다. 때문에 우린 예외적인 사건과 시간을 과소평가해서는 안 됩니다. 지난 100년의 금융시장, 아니 10년의 역사만

돌아봐도 정규 분포를 벗어난 예외적인 사건은 얼마든지 존재했습니다. 그리고 그 짧은 시간에 우린 파괴적인 변동성을 목격했습니다. 정규 분포, 평균이란 함정에 매몰돼서는 안 되는 이유입니다. '이상한'이란 형용사가 붙은 정규 분포를 벗어난 이벤트의 발생 가능성을 무시해서는 안 됩니다.

나심 탈레브가 지은 《블랙 스완》과 민스키의 '금융 불안정성 가설'은 말하려는 바가 비슷합니다. 현대 경제에서 평화와 고요함의 시기는 미래에 도래할 혼돈의 씨앗이라는 것입니다. 이는 현대 경제가 부채를 동력으로 작동하기 때문입니다. 평화로운 시기에 대중은 안정감을 느끼면서 더 많은 리스크를 감수하려 합니다. 빚내기를 두려워하지 않습니다.

위험을 위험으로 인식하지 않는 만성 불감증이 최고조에 달했을 때 위기는 반드시 찾아옵니다. 예상하지 못한 일이 한꺼번에 몰아닥치는 극적인 변화의 순간을 티핑 포인트라 하지요. 티핑 포인트는 어떤 상황이 처음에는 미약하게 진행되다가 어느 순간 갑자기 모든 것이 급변하는 현상을 말합니다. 이때 리스크가 큰 자산시장의 붕괴는 더 이상 '예외적인' 이벤트가 아닙니다. 또한 시장은 리스크 수용에서 회피로 돌아서는데, 이를 '민스키 모멘트'라고 합니다.

이때 시장은 난폭하게 움직입니다. 자산 가격 역시 본질 가치를 크게 벗어난 상태에서 산정됩니다. 터무니없는 가격까지 폭락하죠. 현대 화폐 경제에서 시장의 평온함은 칠면조의 안락감과 같습니다. 칠면조의 안전이 영원하지 않듯 시장의 안정 또한 그렇습니다. 오늘의 정상 상태는 비

정상의 씨앗입니다. 중앙은행이 만든 인위적 정상이기 때문입니다.

투자자라면 이런 혼돈, 폭락의 시간에 주목해야 합니다. 일생일대의 기회이기 때문입니다. 폭락과 혼돈은 대중을 두려움에 떨게 합니다. 이때 누구도 주목하지 않는 자산시장은 그야말로 '줍줍'의 기회일 수 있습니다. 스마트머니가 움직이는 때도 바로 이 시점입니다. 이들은 중앙은행과 정부가 시장을 회복하기 위해 누구보다 먼저 '무슨 짓'이라도 할 것을 아는 거죠.

돌발 변수에 대처하는 법

거듭 말하지만, 금리 인상만으론 주식시장이 폭락하지 않습니다. 우리가 미처 생각하지 못한 변수가 더해져야 폭락합니다. 다른 생각하지 못했던 변수가 발생하지 않는다면 금리 인상은 이른바 '조정' 국면을 만들 뿐입니다. 따라서 지속적 금리 인상이라 해도 예측 가능한 수준에서 이뤄진다면 조정 국면은 또 다른 기회일 수 있습니다. 평소에 비싸서 엄두도 못냈던 주식을 싸게 살 기회인 겁니다.

다만, 금리 인상과 돌발 변수가 동시에 발생할 수 있는 불확실성의 시대라면 금리 인상을 섣불리 '조정'이라 판단해서는 안 됩니다. 자칫 돌발 변수에 의해 시장이 폭락할 수 있기 때문입니다. 이때는 인내심을 가질 필요가 있겠지요. 느긋하게 시장의 하락을 지켜볼 수 있어야 보다 큰 기회를 얻을 수 있습니다.

시장 열기의 거품이
빠지는 시점은 언제인가

'열광' 혹은 '열기'는 대부분이 생각하는 것보다 오랜 기간 지속됩니다. 그게 금융시장의 역사입니다. 시장의 열기가 치솟을 때마다 대부분은 그것이 지속될 수 없다고 생각합니다. 하지만 시장은 이런 대중의 우려에도 불구하고 상당 기간 계속 과열 상태를 유지합니다.

시장의 가장 큰 악재는 언제나 금리 인상입니다. 일반적으로 시장은 통화 정책이 긴축으로 돌아서는 시점을 두려워합니다. 맞습니다. 중앙은행이 유동성을 회수하면 시장은 부정적인 영향을 받으니까요. 하지만 긴축의 움직임이 있다 해도 일단 투기 모멘텀이 형성되면 그 부정적 효과는 단기에 그칩니다.

일반적으로 완화적 통화 정책이 이어지면 시장은 즉각적인 영향을 받아 버블이 촉진됩니다. 그런데 이때 통화 정책이 긴축으로 복귀하면 시장은 분명 부정적인 영향을 받기는 하지만, 시차가 존재합니다. 이런 현상은 쉽게 발견할 수 있습니다. 미국의 경우, 연준은 1999년과 2000년에 금리를 올렸습니다. 하지만 주식시장은 단기 조정만 거친 후 계속해서 올랐습니다. 실제로 나스닥은 1999년 내내 올랐고, 오름세는 2000년 3월까지 계속됐습니다. 왜 그럴까요?

버블 붕괴의 역사

이유는 간단합니다. 시장은 시장 참여자의 심리에 좌우되기 때문입니다. 시장의 심리는 과열 국면에서 어떤 방식으로 나타날까요? 일반적으로 다음과 같은 양상을 보입니다.

1. 버블이 발생할 때 밸류에이션(특정 자산의 적정 가격)은 문제가 되지 않는다. 밸류에이션이 중요해지는 시점은 언제나 버블이 터진 후. 버블이 형성되는 시기에는 대부분의 주식 매수자가 밸류에이션을 신경 쓰지 않는다. 대개 일반적으로 시장이 큰 폭으로 하락해야 비로소 밸류에이션에 주목한다.

2. 버블은 경기 주기의 강약과도 거의 관계가 없다. 금융위기 직후나 코로나 바이러스 직후 세계는 보통의 침체가 아닌 심각한 난관에 처했다. 수많은 사람이 일자리와 소득을 잃었다. 실업률은 연일 치솟았고 부의 불균형은 극단으로 치달았다. 하지만, 시장은 개의치 않는다.

3. 가격이 주요 고점을 돌파할수록 투기 수요는 증가한다. 2020년은 고점 경신이 많았던 해다. 이는 투기의 징후이기도 하지만 원인이 되기도 한다. 신고점을 경신했다는 건 대부분의 주식 소유자가 이익을 봤다는 얘기이기 때문이다. 이익을 본 경험이 많을수록 참여자의 자신감은 배가된다. 매도보다는 매수에 집중하는 경향이 깊어질 수밖에 없다. 결국 이것이 가격을

더 밀어 올리는 동력으로 작용한다.

4. 자산시장의 파티는 분명히 끝이 있다. 하지만 성급히 그 끝을 예단할 수는 없다. 열기에 들뜬 시장은 부정적 요인 자체를 부정한다. 각종 경제 지표, 펀더멘털은 중요하지 않다. 그보다 투자 심리학이 더욱 중요해지는 시점이다. 주식은 사람들이 사려는 마음을 접을 때까지 오르기 마련이다.

그렇다면 기대 심리가 사라지는 시점은 언제쯤일까요? 누구도 모릅니다. 단, 역사적 경험으로 보면 시장의 버블이나 열기는 대개 거대 기업의 파산 시 식었습니다. 특히 해당 기업의 사기가 드러났을 때 급격히 꺼졌습니다. 그것이 금리 인상 시기와 겹치면 부정적 효과는 배가됩니다. 또 하나의 시점은 바로 코로나 바이러스와 같은 누구도 예상치 못한 돌발 변수가 발생할 때입니다.

1. 2000년대 초 인터넷 버블은 엔론 사태로 막을 내렸다. 에너지 회사였던 엔론은 당시 미국에서 일곱 번째로 컸고 '포춘 Fortune'이 선정한 미국 내 최고의 혁신 기업을 6년 연속 수상한 회사였다. 하지만 이 회사는 천문학적 분식회계로 2001년 12월 파산했다.

2. 2008년의 시장 붕괴는 리먼 브라더스 파산이 도화선이었다. 리먼 브라더스는 1850년 설립된 세계적 투자 은행이었다. 당시 미국 투자 은행 중 4위 정도의 규모였다. 동사는 2008년 9월 파산을 신청했다. 파산은 무분별한 상품 판매에서 시작됐지만 거대한 손실을 숨긴 분식회계가 결정적 원인이었다.

3. 2020년 3월의 붕괴는 거대 기업의 파산이나 부실이 직접적인 원인은 아니었다. 코로나 바이러스라는 자연의 '무엇'이 세계를 강타했다. 원인은 다르지만 이례적인 이벤트였다는 점에 주목해야 한다. 코로나 바이러스의 출현을 예상한 사람은 없었다.

여기서 분식회계란 회사의 실적을 좋게 보이기 위해 장부를 조작하는 행위를 말합니다. 자산이나 이익은 크게 부풀리고 부채는 작게 계산하는 방식이지요. 확률로 본다면, 향후 발생할 붕괴는 또다시 거대 기업의 사기나 파산, 혹은 누구도 예상치 못한 이벤트가 도화선이 될 가능성이 높습니다. 만약 그런 이벤트가 금리 인상 시기와 맞물린다면, 시장의 폭락은 거의 불가피합니다. 그것이 금융시장의 역사였습니다. 현재도 회계 조작은 이뤄지고 있을 겁니다. 신뢰성이 높은 거대 기업에서 벌어지고 있을 가능성도 배제할 수 없습니다. 만약 이런 균열이 어느 날 갑자기 드러난다면 시장은 걷잡을 수 없는 수렁 속으로 빠지게 될 겁니다.

2022년 4월 말 세계 금융시장은 긴축 혹은 긴축의 가능성으로 하락했습니다. 지칠 줄 모르고 오르던 미국의 주식시장은 깊은 조정 양상에 들어섰고 비트코인을 포함한 가상화폐시장은 폭락세를 보였습니다.

2021년 코스피 지수는 사상 최고치를 경신했습니다. 7월 6일 코스피 지수는 종가 기준 3,305.21을 기록해 역사상 최고 고점에 이르렀습니다. 2022년 4월 29일 종가는 2,695 정도로 610포인트 가량 하락했습니다. 고점과 비교하면 18% 정도 하락한 수치입니다. 9개월 약간 넘은 기간 동안 말이죠. 하지만 이를 '폭락'이라 말할 수 없습니다.

미국의 주식시장은 어떨까요? 거침없는 상승세였습니다. 한국 주식시장보다 훨씬 가파르게 올랐지요. 2022년 1월 초 기준 S&P500 지수는 4,800선이었습니다. 2022년 4월 말에는 4,100 정도였고요. 고점 대비 700포인트 정도 빠진 수치로, 15% 정도 하락했습니다. 약 4개월에 걸쳐 15% 정도 하락한 걸 '폭락'이라 말할 수는 없겠지요. 코로나 바이러스가 본격적인 영향을 미친 2020년 3월 최저점이 2,300 정도였으니 미국 시장은 채 2년도 안 되는 기간 동안 2배 넘게 올랐습니다. 한데, 긴축과 러시아-우크라이나 전쟁 등의 영향으로 이제 겨우 고점 대비 15% 정도 하락한 겁니다.

이는 2022년 4월 말까지의 상황입니다. 2022년 하반기, 코스피와 S&P500 지수는 모두 조금씩 하락했습니다. 향후 긴축의 영향으로 더 깊은 조정세로 들어설 가능성은 얼마든지 있습니다. 다만, 금리 인상은 충분히 예고된 이벤트라는 겁니다. 금리 인상이 매우 강하면서도 빠르게 진행되지 않는다면 금리 인상만으로 자산시장이 폭락하는 경우는 거의 없습니다. 조정 국면으로 들어선 시장이 지속될 수는 있을지라도 예외적인 이벤트가 동반하지 않는 한 자산시장이 폭락하는 경우는 생각하기 어렵습니다.

그럼에도 긴축 국면에서는 투자를 삼가는 게 좋습니다. 노련한 투자자가 아니라면 수익을 내기가 어렵습니다. 시장은 과열이 식을 때 거칠게 움직이기 마련입니다. 사기만 하면 오르던 시장의 모습을 긴축 국면에서 기대하면 안 됩니다. 사줄 사람, 즉 시장에 진입하는 사람이 줄어들고 설사 그럴 생각이 있다 해도 총탄(돈)을 마련하기가 쉽지 않기 때문입니다. 결국 시장을 움직이는 건 돈의 양입니다. 유동성이 풍부해야 시장도 상승합니다.

손실 회피 성향을 끊어낼 때
시장이 바로 보인다

"수십억 오를 땐 당연하게 여기더니 겨우 2~3억 떨어진 게 하락한 겁니까?"
"몇 배 오르는 건 자연스러운 거고 몇십 퍼센트 하락하면 이상한 겁니까?"

하락이나 조정이 시작되면 세상은 난리가 난 듯 호들갑입니다. 아파트값이 1억 원 떨어지면 신문과 방송은 대서특필을 합니다. 주식시장이 5% 정도 하락하면 언론은 금방이라도 세상이 망할 것처럼 분위기를 조장합니다. 사실, 이런 시선은 대중이라고 다르지 않습니다. 왜일까요?

인간은 손실을 보는 걸 매우 싫어합니다. 이를 손실 회피 심리 loss aversion 라 합니다. 예를 들어보겠습니다.

영화를 보기 위해 극장에서 줄을 서고 있다. 다음 두 가지 경우를 가정할 때 대다수는 어떤 선택을 할까?

1. 1만 번째 관객으로 뽑혀 상금 10만 원을 받는다.
2. 바로 앞의 손님이 1만 번째 관객으로 뽑혀 100만 원을 받았다. 나는 '애

석상'으로 15만 원을 받는다.

합리적인 사람이라면 2번을 택할 겁니다. 하지만, 실험은 의외의 결과를 보여줍니다. 대다수가 상금액이 많은 2번 대신 1번을 택했다고 합니다. 이유가 있겠지요. 바로 100만 원을 아깝게 놓쳤다는 찝찝한 감정을 피하고 싶어서랍니다. 길에서 5만 원을 줍는 것과 잃어버린 5만 원을 찾았을 때, 어느 쪽이 더 기쁠까요? 대부분은 잃어버린 5만 원을 찾았을 때 더 기뻐한다고 합니다. 이성적으로 생각하면 5만 원을 주웠을 때 더 기뻐야 합니다. 5만 원이 추가로 생긴 거니까요. 하지만 대다수는 잃어버린 돈을 찾았을 때, 즉 손실을 회피했을 때 더 기뻐합니다.

더 떨어질 줄 알면서도 팔지 못하는 심리

인간은 본질적으로 심리에 휘둘리는 감정적 동물입니다. 자산시장에서 돈을 벌었을 때의 기쁨보다 손해를 봤을 때의 고통이 더 크죠. 유난히 하락 폭을 크게 느낍니다. 이것이 주식 계좌에 마이너스가 나면 당황해 어찌할 줄 모르는 이유입니다. 몇 년 전에 아파트를 사서 이미 수억 원을 번 상태여도 1억 원이 떨어지면 마치 큰 손해를 본 듯 억울해합니다. 주식도 비슷합니다. 특정 종목을 사서 2배 이상을 벌었어도 오늘 5% 떨어지면 불안해합니다.

투자 계좌가 플러스인 경우는 그래도 덜합니다. 마이너스가 나면 문제가 됩니다. 인간은 생각보다 비합리적입니다. 투자 계좌가 마이너스가 났다면, 혹은 투자 시점이 잘못된 것을 알았다면 정리해야 합니다. 하지만 대부분은 그렇게 하지 못합니다. 손실이 난 주식이나 부동산이 더 떨어질 줄 알면서도 팔지 못합니다. 왜 그럴까요? 파는 순간 손실이 확정되는 게 두려워서입니다.

팔지 않고 버티면 손실은 확정되지 않습니다. 언젠간 다시 오를 거란 막연한 희망을 품는 거죠. 자기기만입니다. 시장은 인간의 이런 심리를 파고듭니다. 일단 하락세로 접어든 시장은 무자비합니다. 손실 규모는 점점 커지고 마침내는 감당할 수 없는 수준에 이르지요. 그제서야 투자자들은 더 이상 버티지 못하고 팝니다. 아이러니하게도 시장은 거짓말처럼 이때부터 조금씩 오르죠. 비일비재합니다.

시장이 하락세로 돌아서면 많은 사람이 공포에 떱니다. 스마트머니들은 이미 이익을 취하고 시장을 떠난 후지요. 그 뒤를 따라 시장에 진입한 일반 대중들은 어찌할 줄 모릅니다. 혹자는 버티고, 혹자는 손실을 조금 보더라도 시장에서 탈출합니다.

손실 확정의 기준을 세우고 결단하라

버틸 것이냐 손실을 확정할 것이냐는 결국 향후 시장 전망에 달렸습니다. 판단 기준은 역시 시중의 돈이 앞으로 지속적으로 줄어들지 여부입니다. 산이 높으면 골도 깊습니다. 오름세가 컸다면 조정의 폭도 깊을 겁니다. 기간도 생각보다 길겠지요. 그중에서도 금리 인상, 특히 미국의 긴축이 장기간 이어진다면 시장은 생각보다 오랜 기간 깊은 조정 국면에 들어설 가능성이 큽니다. 이때는 버티기보다 일단 시장에서 탈출한 후 기회를 엿보는 게 현명할 수 있습니다. 손실 회피 심리를 억누르고 이성이 작동하도록 해야 하지요. 반대로 긴축의 국면이 그리 오래갈 것 같지 않다고 판단한다면 버티는 것도 한 가지 방법이 될 수 있습니다.

거듭 말하지만 시장의 폭락은 예상치 못한 돌발 이벤트가 있을 때 발생합니다. 특정 거대 기업의 사기나 분식회계, 코로나 바이러스와 같은 이벤트가 여기에 해당합니다. 2022년 4월 말에는 러시아의 우크라이나 침공이 가시화되면서 시장의 하락세가 가팔라졌습니다. 긴축 우려에 지정학적 리스크가 더해진 거죠. 하지만 시장은 하락하긴 했어도 폭락하지는 않았습니다. 돌발 변수이기는 했어도 러시아의 우크라이나 침공이 어느 정도 예견된 이벤트였기 때문입니다.

그렇다고 추세가 전환되어 상승세로 반전하기는 힘들 겁니다. 미국의 긴축이 가시화되었기 때문이죠. 시장은 생각보다 오랫동안 힘이 빠진 상태, 즉 약세장으로 유지될 가능성이 높다고 봐야 합리적입니다. 다만 한 가지 기억해야 할 건 돌발 이벤트의 발생 가능성입니다. 만약 돌발 상황이 금리 인상과 맞물려 발생한다면 시장은 걷잡을 수 없는 폭락세를 연출할 겁니다. 단, 이벤트의 강도가 세계를 흔들 수 있을 정도여야겠지요.

7장

새롭게 피고 지는
시장을 눈여겨보자

$ 가상자산시장, 앞으로 어떻게 흘러갈까?
$ NFT시장의 장래성은 어디에서 비롯되는가?
$ 가상자산, 그렇다면 어떻게 투자해야 할까?

가상자산시장,
앞으로 어떻게 흘러갈까?

"세계의 모든 비트코인을 25달러에 준다고 해도 받지 않을 것."

'오마하의 현인'이라 불리는 세계 최고 투자의 귀재 워런 버핏의 말입니다. 그는 이유를 다음과 같이 설명했습니다.

"비트코인이 생산적 자산이 아니며 그 어떤 가치도 만들어내지 못하기 때문이다."

워런 버핏이 2022년 4월 30일 버크셔해서웨이 주주총회에서 한 말입니다. 한 10년 전까지만 해도 이런 얘기는 흔했습니다. 하지만 이제는 이런 말을 하면 무척 고루한 사고를 가진 사람이라는 비판을 받을 겁니다.

사실 버핏은 한결같이 비트코인을 부정했습니다. 하지만 현실은 어떤가요? 버핏의 발언에도 불구하고 승승장구했지요. 물론 변동성은 큽니다만 지속적으로 우상향하는 모습을 보였습니다. 비트코인의 역사는 일

천합니다. 금융위기 직후인 2009년에 탄생했으니 이제 겨우 10여 년이
지났을 뿐입니다.

그동안 비트코인을 보는 시각은 극과 극으로 갈렸습니다. 아무런 가치
가 없다는 쪽과 새로운 세계를 여는 열쇠가 될 거란 쪽이 팽팽하게 대립
했습니다. 이는 현재도 마찬가지지요. 다만, 몇 년 전까지만 해도 거대한
영향력을 가진 인물의 부정적 코멘트가 많은 사람의 고개를 끄덕이게 했
다면 이제는 그렇지 않다는 겁니다. 비트코인이 인류를 새로운 세계로
이끌어줄 혁명적 수단이라고 생각지는 않지만, 나름대로 '가치'가 있
으며 그 가치는 시간이 흐를수록 높아질 것이라는 의견에 동의하는 사람
이 늘었습니다.

비트코인이 탄생하기 이전까지만 해도 '자산'이란 실물이 반드시 있어
야 했습니다. 주식, 채권, 부동산, 그림, 원자재 등등 우리가 눈으로 볼 수
있고 만져볼 수 있는 실체가 존재했습니다. 달러나 엔화 같은 화폐도 마
찬가지입니다. 한데, 비트코인이 탄생하면서 자산의 개념이 혁명적으로
바뀝니다. 이른바 '가상자산'이 탄생한 거죠.

가상자산이란 무엇인가?

'가상자산virtual asset'은 실물 없는 자산을 말합니다. 컴퓨터 등에 정보 형
태로 저장되어 사이버상으로만 거래되는 자산을 일컫습니다. 비트코인
은 처음엔 '디지털화폐' 또는 '가상화폐'로 불렸습니다. 암호화 기술을 사

용한다 해서 '암호화폐'라고도 불렸지요. 그런데 요즘은 '화폐'란 표현을 거의 쓰지 않습니다. 2019년 G20은 정상회의 선언문에서 암호화폐를 가상자산 또는 암호자산이라고 표현했습니다. 왜 그랬을까요?

이는 가상자산에 '화폐'의 성격이 없다는 점을 강조하려는 의도입니다. 화폐란 거래의 매개 수단입니다. 하지만 암호화폐를 거래의 수단으로 쓰는 경우는 거의 없지요. 일부 거래에서 비트코인이 쓰이고는 있지만 대중화되지는 않았습니다. 비트코인으로 빵을 사거나 식당에서 밥을 먹기란 거의 불가능하죠.

암호화폐가 실생활 거래에서 쓰이지 못하는 이유는 많습니다. 법정화폐와 달리 변동성이 극심하니 쓰는 사람도 받는 사람도 부담입니다. 예를 들어, 점심을 먹고 1만 원의 가치를 지닌 비트코인으로 결제를 했다고 합시다. 한데 식당 주인이 받자마자 그 가치가 5,000원으로 내린다면, 혹은 1만 5,000원으로 뛴다면 내린 때는 식당 주인이, 오른 때는 손님이 손해를 봅니다. 가치가 널뛰는 비트코인을 결제 수단으로 쓸 수는 없겠지요. 결제를 하는 사람도 받는 사람도 극심한 '리스크'에 노출됩니다. 변동성이 크다는 점이 비트코인 등 가상자산의 가장 큰 약점입니다.

암호화폐가 화폐가 될 수 없는 이유는 또 있습니다. 바로 국가가 독점하는 '발권력'에 대한 도전이 될 수 있기 때문입니다. 한 나라에서 가장 큰 위력을 발휘하는 권력은 바로 화폐를 찍어내는 권한입니다. 한데, 누구나 화폐를 찍어내 공급할 수 있다면 국가의 고유 권력은 그만큼 훼손되겠지요. 어느 국가가 용납하겠습니까?

가상자산에는 경제적 가치가 있는가?

우리 정부는 가상자산을 어떻게 정의할까요? '경제적 가치'를 지닌 것으로, 전자상 거래 또는 이전될 수 있는 전자 증표라 규정합니다.

여기서 핵심은 '경제적 가치'를 지녔다는 부분입니다. 경제적 가치란 '돈'으로 환산할 수 있는 가치를 뜻합니다. 이쯤에서 의문이 들 겁니다. 눈으로 볼 수도 없고 만질 수도 없는데 가치가 있다는 점을 쉽게 납득하지 못할 수 있습니다. 하지만 경제적 가치란 지극히 주관적이란 점을 이해해야 합니다.

문외한에게는 한낱 돌덩이로 보이는 수석을 높은 가격에 사는 사람이 있습니다. 난초도 마찬가지지요. 모르는 사람에겐 그저 잡초로 보일 수 있습니다. 하지만 매우 비싼 값에 거래되죠. 경제적 가치는 이처럼 지극히 주관적입니다. 최근 복고 열풍을 타고 '포켓몬빵'이 유행했습니다. 편의점 가격은 1,500원입니다. 하지만 특정 희귀 스티커를 포함하는 빵은 5만 원에 거래되기도 합니다. 특정 메이커의 한정판 운동화도 정가를 훌쩍 넘어 거래됩니다. 사실, 세상 모든 것의 경제적 가치는 지극히 주관적입니다. 이러한 특성은 경매에서 잘 나타납니다. 누구는 공짜로 준다고 해도 받지 않으려는 물건을 다른 이는 상상도 하지 못할 가격을 지불하고 삽니다.

'경제적 가치'란 거듭 말하지만 지극히 주관적입니다. 눈에 보이지 않는다고, 물리적 실체가 없다고 해서 경제적 가치가 없지 않습니다. 대표적인 사례가 바로 가상자산입니다.

무엇이든 세상 사람들이 경제적 가치가 있다고 믿으면 믿을수록 그것은 분명 '자산'에 가까워집니다. 워런 버핏은 비트코인이 어떤 가치도 만들어내지 못한다고 했습니다. 맞습니다. 비트코인 자체는 생산적 경제 활동에 기여한다고 말할 수 없습니다. 하지만 그럼에도 시간이 흐를수록 더 많은 사람이 그것의 경제적 가치를 믿는다는 점에 주목해야 합니다. 무엇이든 사람들이 가치가 있다고 믿으면 가치가 있는 겁니다. 돌덩이든 잡초든 디지털 정보든 상관없습니다.

비트코인은 탄생한 지 이제 겨우 10여 년이 흘렀지만 사람들의 인식, 특히 경제적 가치에 대한 인식은 대전환을 했습니다. 날이 갈수록 코인의 경제적 가치를 인정하는 사람이 늘어났습니다. 그럼 어떤 결과가 올까요? 극소수의 사람만 경제 가치를 인정한다면 대중적 자산이 될 수 없겠죠. 거래 자체가 힘들기 때문입니다. 하지만 다수의 사람이 경제 가치를 인정한다면 그것은 대중성을 갖춘 셈입니다.

대중적 자산이 가져야 할 또 하나의 특성은 가격 변동성이 작아야 한다는 점입니다. 급등락하는 자산에 투자할 사람은 투기꾼을 빼고는 거의 없습니다. 따라서 대중적 자산이 되려면 변동성이 작아져야 합니다. 변동성이 줄어들려면 거래하는 사람이 많아져야 합니다. 자산으로서의 안정성을 높여야 하죠. 비트코인은 초창기에 비해 변동성이 상당히 줄었습니다. 비로소 '자산'의 면모를 갖췄다고 할 수 있겠지요.

가상자산 '법'이 내포하는 의미

무릇 새로운 것은 그것이 무엇이든 저항에 직면합니다. 신제품이나 혁신을 대중이 받아들이기까지는 생각보다 긴 시간이 걸리지요. 오늘날 인터넷이 없다면 생활이 가능할까요? 하지만 2000년 이전까지만 해도 인터넷은 일부 전문가들의 전유물이었습니다. 대중은 그것이 무엇인지 관심조차 없었습니다. 가상자산 역시 마찬가지입니다. 비트코인을 필두로 끊임없이 만들어지는 가상자산은 NFT, 웹 3.0 등으로 확산하고 있습니다.

기술은 끊임없이 진화합니다. 하지만 모든 기술이 현실 세계에 적용되거나 대중에게 수용되는 건 아니지요. 수많은 기술 중 살아남는 것은 손에 꼽습니다. 가상자산도 그렇습니다.

그런데 중요한 건 이미 대중이 가상자산을 '자산'으로 인식한다는 점입니다. 문제는 우리 사회의 가상자산 수용 여부입니다. 여기서 사회의 용인이란 다름 아닌 '법'의 테두리 내로 끌어들인다는 뜻입니다. 자산은 재산권으로 인정돼야 보호를 받고 권리를 행사할 수 있으니까요.

우리나라는 이런 점에서 가상자산에 비교적 우호적이라 할 수 있습니다. 금융위원회는 2022년 8월 '디지털자산 민관합동 태스크포스TF'를 출범했습니다. 디지털자산과 관련한 글로벌 규제 동향과 방향을 논의하기 위한 조직으로 관련 정부 부처, 한국은행, 학계, 법조계 등이 참여합니다. 목적은 디지털자산의 발행부터 유통까지 모든 과정을 포괄하는 체계적인 규율 마련입니다. 관련한 범죄에 어떻게 대응할지를 비롯해 소비자

보호 방안도 마련할 계획이라고 합니다.

미국도 투자자 보호 강화와 가상자산 산업의 발전을 촉진하는 '책임 있는 금융혁신법RFIA'을 2022년 7월 발의했습니다. 가상자산의 법적 정의를 명기하고, 알트코인 규제 관할권을 증권거래위원회SEC에 부여하는 내용을 담고 있습니다. 유럽도 비슷한 움직임을 보였습니다. 유럽연합 27개 회원국은 가상자산 포괄 규제안에 합의를 완료했습니다.

일반적으로 법은 사회 현상에 후행해서 만들어집니다. 사전에 어떤 일이 발생할지 예측해서 법을 만드는 경우는 거의 없죠. 특히 가상자산과 같은 새로운 기술에 기초해 새롭게 만들어지는 사회 현상을 예측해 법을 만들기는 불가능합니다. 따라서 규율을 만든다는 것은 가상자산이 이미 뚜렷한 사회 현상이며 거스를 수 없는 추세라고 인정했다는 얘기이기도 합니다.

그런데 질주하던 가상자산시장이 2022년 들어 맥을 못 춥니다. 이에 근본적인 내재 가치에 의문이 제기되기도 합니다. 하지만 중요한 건 대중이 이미 가상자산을 자산으로 받아들였고 법이 사회 현상으로 인정했다는 점입니다.

경제의 디지털 전환 속도는 나날이 빨라집니다. 산업 간 융합, 구조 전환도 마찬가지입니다. 이런 추세는 수많은 가상자산이 출현할 수 있는 토대가 됩니다. 하지만 그중에서 살아남는 것은 소수에 불과합니다. 가상자산 간 경쟁은 분명히 더욱 격화될 겁니다.

투자자의 밝은 눈이 그 어느 때보다 필요한 시점입니다. 2022년부터 시작된 가상자산의 겨울은 가상자산의 변동성과 위험성이 얼마나 큰지를 느끼게 해주었을 것입니다. 어떤 자산이든 '신뢰성'이 가장 중요합니다. 가상자산 역시 다르지 않습니다. 해당 자산의 기초가 되는 기술의 유용성, 확장성을 꿰뚫어 볼 수 있어야 합니다.

거듭 말하지만 핵심은 가상자산이 법의 테두리 내로 들어오고 있다는 점입니다. 그런 의미에서 가상자산 갑론을박은 부질없습니다. 당신이 부정하든 안 하든 가상자산은 이미 '자산'이 되었다는 사실을 받아들일 필요가 있겠죠.

NFT시장의 장래성은
어디에서 비롯되는가?

이른바 디지털자산인 가상자산은 비트코인 등 코인에만 국한되지 않습니다. 신종 가상자산이 끊임없이 탄생하고 있지요. NFT가 대표적입니다. NFT Non-Fungible Token 는 우리말로 '대체 불가능 토큰'으로 해석됩니다. 어렵지요. 하지만 개념은 단순합니다. 블록체인 기술을 이용해 디지털 콘텐츠에 고유한 표식을 결합하고 소유권자를 인증하는 방식입니다.

사실 디지털로 만들어진 이미지나 프로그램, 문서, 혹은 예술 작품 같은 자산의 경우 누구든지 쉽게 사본을 만들 수 있습니다. 무한대로 복제가 가능하지요. 누구라도 창작자임을, 혹은 소유권자임을 주장할 수 있습니다. 이때 창작자와 소유권을 특정할 수 있다면 그들을 보호할 수 있겠지요.

NFT란 바로 디지털 자산의 창작자와 소유권을 특정하는 기술을 말합니다. 쉽게 설명하면, 등기부 등본이 발행된 자산이라 할 수 있습니다. NFT로 발행된 자산은 소유권자가 아닌 이상 소유권을 주장할 수 없습니다. 부동산 등기부 등본에 소유권자로 기재되어 있지 않은 사람이 해당 부동산에 소유권을 주장할 수 없는 것과 같습니다. 수많은 복제품이 넘쳐나는 디지털 세계에서 유일한 '진품'임을 인증해주는 일종의 증명서라 보면 됩니다.

디지털 파일 형태로 존재하는 것은 무엇이든 NFT로 만들 수 있습니다. 이미지뿐만 아니라 소리, 텍스트, 영상도 포함되겠지요. 대표적으로는 예술품, 부동산, 웹툰, 연예인의 사운드 클립, 게임 아이템 등이 있습니다. 그렇다면 왜 NFT가 주목을 받는 걸까요?

NFT시장에 투자자가 몰리는 이유

모든 재화의 가격은 '희소성'과 밀접하게 연결됩니다. 다이아몬드가 비싼 이유도 희소성 때문이죠. 예술 작품이나 골동품이 수백억, 수천억 원을 호가하는 이유 역시 마찬가지입니다. 희소성은 '진품', '원본'일 때 빛을 발합니다. 모조 다이아몬드나 복제품은 쌉니다. NFT가 인기를 끄는 이유는 이 때문입니다. 복제가 불가능하기 때문이죠.

NFT시장은 새로운 시장입니다. 하지만 그 성장세를 의심하는 사람은 거의 없습니다. 특히 가상과 초월을 의미하는 '메타meta'와 세계 우주를 뜻하는 '유니버스universe'의 합성어인 '메타버스'와 결합하면서 폭발적 성장을 하리라 전망됩니다. 메타버스는 가상 현실과 같은 온라인 공간이지만 다른 점이 있습니다. 한 단계 더 나아가 사회, 경제 활동까지 이뤄지는 온라인 공간이기 때문이죠. 현실 세계를 가상의 공간에 그대로 옮겨

났다고 보면 됩니다. 3D로 구현된 이 세계에서 우리는 현실에서와 동일한 각종 활동을 할 수 있습니다. 쇼핑, 회의, 교육, 데이트, 각종 엔터테인먼트가 모두 가능합니다.

메타버스 경제가 얼마나 성장할 수 있을까요? 사실 정확히 알기는 어렵습니다. 시장 조사 업체인 스트래티지애널리틱스SA 는 NFT시장이 2025년엔 2,800억 달러 규모로 성장할 것으로 전망했습니다. 2021년도 조사입니다.

메타버스가 발전할수록 NFT시장은 성장할 수밖에 없습니다. 현실 세계에서 '내 것'이란 개념은 매우 중요합니다. 부동산 등 각종 자산은 물론이고 명품은 특히나 그렇죠. 메타버스가 현실 세계를 구현했다면 그 공간에서도 '내 것'이란 개념은 똑같이 중요할 겁니다. 이때 NFT는 '내 것', '진품', '원본'을 입증해주는 수단이 됩니다. NFT시장은 활짝 열릴 수밖에 없습니다.

"서울 한남동 현대하이페리온A 2142.3 대 1, 동작구 아크로리버하임 681.8 대 1, 용두동 청계센트럴포레 233.8 대 1"

얼핏 현실의 아파트 청약 경쟁률을 보는 듯합니다. 하지만 아닙니다. 2022년 8월 국내 한 메타버스 서비스 회사가 분양한 메타버스 아파트 경쟁률입니다. 실물이 아닌 가상 아파트지만 경쟁률은 실제 아파트 청약 경쟁률을 훨씬 웃돌았습니다. 동작구 아크로리버하임의 실제 경쟁률은

89.5 대 1, 청계센트럴포레는 53.45 대 1이었습니다.

메타버스의 부동산 투자는 실물이 아닌 가상 부동산을 대상으로 합니다. 그런데 왜 이렇게 사람이 몰리는 걸까요? 현실의 부동산처럼 사고팔 수 있기 때문입니다. 일종의 투자자산이 돼버린 겁니다.

가상자산, 그렇다면
어떻게 투자해야 할까?

2022년 5월, 월스트리트저널은 흥미로운 기사 하나를 실었습니다. NFT 관련 데이터 전문 사이트를 인용, 5월 들어 하루 평균 NFT 거래 건수가 1만 9,000건으로 집계됐다는 겁니다. NFT 역사상 가장 거래가 활발했던 2021년 9월의 하루 평균 거래 건수인 22만 5,000건에 비해 92% 급감한 수치입니다. 월스트리트저널은 이 같은 변화를 두고 NFT시장이 무너지고 있다며, 주요국 중앙은행의 기준금리 인상 움직임으로 금융시장에서 위험자산 회피 심리가 확산했다고 진단했습니다. 동시에 NFT가 가장 투기가 심한 자산 중 하나였다고 분석했지요.

2022년 긴축 움직임으로 조정을 받은 건 가상자산시장만이 아니었습니다. 주식시장을 포함한 전통 자산시장도 하락세였습니다. 하지만 가상자산시장이 더 크게 흔들린 건 사실입니다. 특히 코인시장이 대표적입니다. 코인은 전 고점 대비 최소 40%에서 많게는 80% 이상 내리며 극심한 가격 변동을 겪었습니다. NFT시장 역시 같습니다. 유명 작품들은 여전히 고가에 거래되지만 나머지는 거래조차 되지 않는 게 현실입니다.

준비 없이 뛰어드는 위험자산시장, 더 많이 잃는다

그럼 우리는 새롭게 만들어지는 가상자산시장에 어떻게 접근해야 할까요? 저는 코인시장이 하나의 기준이 될 거라 봅니다. 비트코인이 나오면서 수많은 알트코인이 생겨났습니다. 하지만 그 모두가 가치를 인정받지는 못했습니다. 시장에서 나름대로 의미가 있는 비트코인 등 소수의 코인만 가격이 꾸준하게 우상향했지요. 이는 주식시장도 마찬가지입니다. 오르는 주식에는 이유가 있죠. 수익성, 성장성 등이 담보되지 않는 주식은 인기를 끌지 못합니다.

NFT시장 역시 비슷합니다. 대중이 관심을 갖는 나름의 '가치'가 있어야 합니다. 실제 세계에서도 대중의 관심을 끄는 '작품'은 많지 않습니다. 아무 작품이나 가치가 오르지 않습니다. 희소성, 예술적 가치, 시대정신, 혁신 등의 가치를 가져야만 살아남을 수 있겠지요.

가상자산이 그야말로 우후죽순 쏟아지는 시대입니다. 이때 섣부른 투자는 실패로 이어지기 십상입니다. 비트코인이 말 그대로 '대박'이 나면서 많은 사람이 코인시장으로 몰렸습니다. NFT시장도 비슷합니다. 몇몇 작품이 천문학적인 금액에 거래되며 많은 사람이 몰렸죠. 메타버스 속의 가상 부동산도 상황은 비슷합니다. 하지만 단언컨대 돈을 번 사람보다 잃은 사람이 더 많을 겁니다.

어떤 사람은 실제 금융시장도 비슷하지 않느냐고 반문할 것입니다. 맞습니다. 다만, 가상자산의 변동성은 실제 자산시장에 비해 훨씬 큽니다.

돈을 번 사람은 많이 벌었겠지만 돈을 잃은 사람은 더 많이 잃었을 겁니다. 가상자산시장은 그야말로 '위험자산'시장입니다. 때문에 전문성이 요구됩니다. 전문성이란 다른 게 아닙니다. 특정 가상자산의 가치를 판별할 수 있는 눈을 말합니다. 가치 판단의 기준은 실물자산과 같이 희소성, 예술성, 시대정신 반영 여부, 혁신성 등이 되겠죠.

새로운 가상자산에 관심을 두는 건 투자자로서 갖춰야 할 덕목임에 틀림없습니다. 특히 새롭게 탄생한 가상자산은 큰 이득을 줄 가망도 있습니다. 다만, 모든 시장이 그렇듯 가상자산시장 역시 준비가 되지 않은 투자자를 용서하지 않습니다. 투자 세계에서 모두가 돈을 버는 시장은 존재하지 않습니다. 시장은 준비하고 공부한 자에게만 수익을 줍니다. 최소한 이것만 기억해도 실패의 빈도와 정도를 줄일 수 있으리라 믿습니다.

부자 증세: 세계의 세제는
시대의 필요성을 반영하는가?

조 바이든 미국 대통령은 2022년 8월 드디어 공약 하나를 현실화했습니다. 대기업 증세를 담은 '인플레이션 감축법'에 서명한 것입니다. 법안엔 연수익 10억 달러 이상인 대기업에 최소 15% 법인세 부과, 주식 환매에 1% 소비세 부과, 고소득 가구의 국세청 조사 강화 등의 내용이 포함됩니다. 영국은 2021년 3월 법인세율을 현행 19%에서 2023년에 25%로 6%포인트 올리는 방안을 내놨습니다. 독일 등에서는 부유세 논의가 이뤄졌지요. 순자산 200만 유로를 넘어서면 부유세 1%를, 10억 유로를 넘으면 2%를 부과하는 방안입니다. 주요국의 증세 움직임이 가시화되었습니다.

왜 이런 추세가 이어지는 걸까요? 다름이 아니라, 코로나 바이러스 대응 및 경기 부양 재원을 마련하기 위해서입니다. 증세는 국제통화기금 등 국제기구가 재정 건전성 보완과 양극화 완화의 해결책으로 권장하기도 합니다. 각국은 팬데믹 대응에 천문학적인 돈을 썼습니다. 나라 곳간은 점차 비어갔고 바이러스로 양극화는 더욱 심해졌습니다. 국제기구는 이를 치유할 대안으로 '증세'를 권장하는 겁니다.

사람들은 흔히 국가가 세금을 징수하는 이유가 국가 운영에 필요한 재원 조달에 있다고 믿습니다. 일리가 있습니다. 하지만 재원 조달과 재정 건전성 확보란 차원에서만 증세를 논의하면 본질을 벗어납니다. 세금은 재원으로서 기능보다 더 중요한 의미를 갖습니다. 한정된 자원의 효율적 이용, 혹은 배분이란 경제 원칙을 달성하는 주요 수단이란 의미에 집중해야 합니다.

국가는 세금으로 원하는 목적을 달성할 수 있습니다. 정부는 세금을 이용해 특정 행동을 장려하거나 중단시킬 수 있지요. 국민 건강 증진을 위해 담배에 세금을 부과하고 부동산 투기 방지를 위해 양도세를 중과하는 경우는 특정 행위를 막으려는 '죄악세'입니다. 반대로, 어떤 행위를 장려하는 수단으로 쓰는 경우는 기업의 설비 투자에 세금을 깎아주는 세액 공제가 대표적입니다. 투자 촉진이 공적 이익에 부합하기 때문입니다.

부자 증세의 목표와 한계

세금이 가진 또 하나의 주요 기능은 소득 분포 개선입니다. 정부는 불평등을 완화하는 데 세금을 이용할 수 있습니다. 부자 증세로 하위 계층의 복지를 강화하는 경우가 좋은 예입니다. 시장 기능으로 해결할 수 없는 부의 배분을 강제로 이루려는 수단이 세금입니다.

그런 점에서 눈에 띄는 증세 논의가 있습니다. 바로 자본 이득에 대한 세금 인상입니다. 그것도 미국과 영국 등 자본주의 대표 국가에서 논의가 진행된다는 점에 주목해야 합니다. 불을 댕긴 나라는 미국입니다. 조 바이든 미국 행정부는 주식과 부동산 등 자산을 팔 때 생기는 자본 이득, 즉 투자 수익에 세율을 현재의 20%에서 39.6%로 2배 가까이 올리려 하고 있습니다.

물론 투자 수익이 100만 달러(2022년 8월 기준 약 13억 원)를 넘을 때의 얘기입니다. 바이든 행정부는 정책이 이른바 '부자 증세'임을 강조합니다. 사실 100만 달러 이상의 투자 수익을 거두는 사람은 극히 적습니다. 미국에선 상위 0.3% 가구가 해당합니다. 그러니 '핀셋 증세'라 할 수 있습니다. 바이든 대통령의 목표는 보편 증세에 있지 않습니다. 미국의 고소득층에 유리한 조세 구조를 고치는 데 방점을 찍었죠. 경기 부양에 쓸 재원을 마련함과 동시에 고소득층에 유리한 체계를 바로잡아 불평등을 완화하겠다는 목적입니다.

　현재 각국의 증세 논의는 미국의 사례에서 보듯이 부자 증세로 불평등을 완화하는 데 초점이 맞춰졌습니다. 물론 한국처럼 예외적인 나라도 있지요. 대기업 감세, 부동산 보유세 완화 등은 일종의 부자 감세입니다. 어쨌든 선진국의 흐름은 부자 증세에 초점이 맞춰져 있습니다. 그런데 이것으로 과연 충분할까요? 얼핏 최선의 방책으로 보이기도 합니다만 이런 핀셋 증세가 놓친 핵심이 있습니다.

　기본적으로 미국을 포함한 대부분 국가의 세제는 낡은 체제의 산물입니다. 새 시대에 어울리는 세제가 필요한 상황이지만 변화는 생각보다 느립니다. 낡은 세제에 구조적 변화가 없다면 불평등과 저성장이란 세계 경제의 구조적 모순은 계속될 수밖에 없습니다.

여전히 자본 이득을 우대하는 세제의 문제

현재 부의 불평등을 유발하는 가장 큰 요인은 자본 이득이 노동 소득을 월등히 앞선다는 데 있습니다. 한데 세제는 어떤가요? 노동 소득보다 자본 이득에 상대적으로 관대합니다.

과거에는 이런 세제가 의미가 있었습니다. 자본이 풍부하지 않던 시절에는 자본 이득에 부과되는 세율을 낮춰 잉여 자본을 가진 사람을 끌어들일 필요가 있었습니다. 따라서 저축과 투자를 장려합니다. 과거엔 이런 정책이 지극히 공익적이었습니다. 세율을 낮추는 것만큼 자본 공급을 원활하게 하는 좋은 유인책은 없었습니다.

지금은 어떤가요? 자본이 넘쳐납니다. 투자자본은 더 이상 부족하지 않습니다. 외려 자본 과잉을 걱정해야 할 정도죠. 그런데 세제는 여전히 노동보다 투자에 더 많은 보상을 해줍니다. 세제가 시대 변화를 반영하지 못하는 겁니다.

한국만 해도 노동 소득에는 가차 없이 과세하지만 투자 소득에는 후한 세금 체계를 유지합니다. 문제는 건강한 투자가 아닌 자본 이득도 우대해준다는 점입니다. 연봉 7000만 원을 받는 직장인의 소득세율은 24%입니다. 편의상 공제가 없다고 가정했을 때입니다. 반면 주식 투자로 7000만 원을 번 전업 투자자에겐 세금이 부과되지 않습니다. 내년 1월부터 국내 상장 주식 한 종목당 시가 총액 100억 원 이상을 가진 개인에게만 주식양도소득세가 매겨집니다. 금융투자소득세 도입은 원래 2023년부터 시행하기로 했지만 2025년으로 미뤄졌습니다. 증권 거래 세율도 내년부터 0.2%로 인하됩니다. 이것이 말하는 바는 명확합니다. 누구도 세금 내는 걸 좋아하지 않습니다. 같은 돈을 벌 수 있다면 누구라도 세금을 내지 않는 투자를 하려 하겠지요.

이 상황에서 부유층이 자본 이득으로 돈을 벌려는 건 자연스러운 일입니다. 기업주는 급여 대신 스톡옵션으로 이득을 취하려 하고, 자본가는 자산시장 투자로 이익을 보려 하죠. 이런 흐름은 이제 서민과 중산층에게까지 퍼졌습니다. 시대정신이 된 셈입니다. 너도나도 자본시장으로 달려가는 이면에는 낡은 세제가 있습니다. 노동보다 투자를 우대하는 세제가 자본의 투자 행위, 그것도 자산시장 투자를 부채질하고 있습니다.

세제의 구조적 문제를 회복하려면

오늘의 구조적 문제는 노동을 뛰어넘는 자본 이득 우대 정책에 있습니다. 노동이 밥이 되고, 집이 되고, 노후의 편안함이 되는 시대가 아닙니다. 그래서 넘쳐나는 돈이 투자라는 명목으로 자산시장으로 향하고 있습니다. 가히 광풍이라 할 수 있는 자산시장의 고공행진 뒤에는 초저금리와 낡은 세금 시스템이 있습니다. 최소한 자본 이득을 우대하는 세금 정책은 폐기할 때가 됐습니다. 돈이 넘쳐나는 시대입니다. 자본 이득을 우대해서는 결코 자본이 건강한 투자로 향하지 않습니다. 기업이 건강한 투자를 할 때 경제가 성장합니다. 그렇다면 자본 이득이 아닌 기업의 인적 투자, 설비 투자 등에 더 많은 세제 혜택을 주는 방향이 정답일 겁니다.

세금이 단순히 국가의 재원 조달 기능에 머물러서는 안 됩니다. 세금은 정책 목표를 달성할 수 있을 만한 강력한 수단이어야 합니다. 물론 그 목표는 건강한 경제여야 할 것입니다.

3부

대비하면 위험이 아니다: 초보 투자자의 흔한 실수

8장

무조건 적중하는
투자 고수는 없다

$ 돈 공부로 자기만의 원칙 세우기

$ 경제 기사 제대로 읽어야 수익으로 이어진다

돈 공부로
자기만의 원칙 세우기

서점을 가보면 재테크 서적들이 즐비합니다. 투자와 관련된 책은 차고 넘칩니다. 유튜브를 보면 그 못지않은 수의 투자 고수들이 활동하고 있지요. 방송도 마찬가지입니다. 심지어는 돈을 받고 투자처나 종목을 소개하는 곳들도 있습니다. 그들은 모두 "나는 이렇게 투자를 해서 성공했다"라고 자랑합니다. 그야말로 '투자 전성시대', '투자 고수 시대'입니다.

이상하지 않나요? 저 같으면 웬만해선 투자 성공 비결을 섣불리 공개하지 않을 텐데 말이지요. '비결'은 말 그대로 남이 알지 못하는 자기만의 독특하고 효과적인 방법을 말합니다. 남에게 알려져 대중화되는 순간 비결은 더 이상 비결이 아니지요.

'투자 비결'은 존재하지 않는다

자산시장은 수많은 사람이 경쟁하는 장입니다. 그 시장에서 승리할 수 있는 자신만의 비결을 가진 사람이 그것을 공개할 이유가 있을까요? 비결이 알려지는 순간 경쟁력은 사라집니다. 그렇다면 이들은 왜 책을 쓰고 방송을 하는 걸까요? 몇 가지 예측 가능한 이유가 있습니다.

첫 번째 큰 가능성은, 투자만으로 충분한 수익을 거둘 수 없어서입니다. 이들은 투자 귀재임을 내세우지만 실제 투자 성적은 보기보다 미약할 수 있습니다. 따라서 다른 수익원을 만들 필요가 있겠지요. 둘째는, 명예욕도 있을 겁니다. 실제로 이들 중에는 투자로 상당한 재산을 일군 사람도 있습니다. 사람은 의식주가 충족되면, 즉 어느 정도 재산을 갖게 되면 명예를 추구하는 게 본성이라 합니다. 세속을 떠나 생활하는 스님들이 가장 버리기 어려운 욕심이 명예욕이라는 말도 있지요. 마지막으로, 자신의 투자 수익을 늘리는 데 도움이 되기 때문입니다. 투자처나 종목을 소개하는 사람들이 대표적입니다. 자신이 이미 보유 중인 자산을 살 사람이 많아지면 가격은 오르겠지요. 재산이 불어나게 됩니다.

사실 투자를 하기만 하면 수익이 나는 비결이나 비법은 없습니다. 투자의 대가들도 실패를 보는 경우가 많습니다. 왜일까요? 자산시장은 기본적으로 정형화된 시장이 아닙니다. 순간순간 변합니다. 자산시장에 영향을 미치는 변수가 셀 수 없을 정도로 많기 때문입니다. 인공지능으로 무장한 컴퓨터로도 각 변수의 가중치를 구해 자산시장의 앞날을 예측하는 일이 불가능합니다. 모든 변수 중에서도 무엇보다 시장 참여자의 심리가 녹아 있기 때문입니다.

인간은 변덕스럽습니다. "나도 나를 모르는데 넌들 나를 알겠느냐"란 유행가 가사가 있지요. 몇 초 전의 나와 현재의 내가 다른 모습을 종종 보게 됩니다. 얼마 전엔 활짝 웃던 사람이 갑자기 펑펑 울기도 합니다. 상황에 따라 인간의 심리는 변덕스러운 봄바람처럼 수시로 바뀝니다. 자산시장은 외부 변수만이 아니라 인간의 심리가 녹아든 시장입니다. 이를 전망하기는 매우 어렵습니다. 단지, 합리적인 추론만 가능할 뿐이지요. 이런 시장에서 언제나 수익을 낼 수 있는 '비결'이 존재할까요? 그럴 수 있다고 주장한다면 그는 허풍쟁이거나 사기꾼일 겁니다. "이렇게 움직일 확률이 크다"라고 말하는 사람이 진짜 전문가입니다.

정보를 공개하는 데는 숨은 의도가 있다

"네이버, 목표 주가 60만 원… 시총 100조 간다"

2021년 9월 7일 자 한국경제 기사 제목입니다. 당시 네이버 주가는 2021년 7월 30일 46만 5,000원으로 정점을 찍고 조정을 받아 40만 원 언저리에서 움직였습니다. 그 후 약간 반등해 동년 10월 말 42만 원 정도까지 갔으나 다시 하강 곡선을 그리며 2022년 5월 6일 27만 원까지 미끄러졌습니다. 만약 신문 기사를 믿고 네이버 주식을 매수했다면 거의 반토막이 났을 겁니다.

사실 이런 종류의 기사는 차고 넘칩니다. 신문 기사만이 아닙니다. 방송, 유튜브, 블로그, 트위터, 페이스북 등에 전문가들이 넘쳐납니다. 심지어 증권사 등 제도권 금융 기관의 애널리스트들도 수시로 보고서에 특정 주식의 목표 주가를 제시합니다. 과연 이들의 전망은 얼마나 적중할까요? 안타깝지만, 확률은 높지 않습니다.

전문가란 호칭은 일종의 특권입니다. 이 때문에 이들이 하는 예측이나 전망은 설득력이 있어 보입니다. 순진한 대중은 현혹되기 쉽죠. 한데, 이들의 전망을 자세히 들여다보면 한쪽으로 치우친 경우가 태반입니다. 낙관적이죠. 미래를 부정하거나 비관하는 내용은 거의 없습니다. 그저 찾아온 손님에게 좋은 말만 해주는 점쟁이가 떠오릅니다. 대중은 비관적인 전망보다 낙관적인 전망을 좋아합니다. 어느 지역의 아파트는 오를 것이고, 이 주식을 사면 대박이 날 거란 긍정 멘트는 듣는 사람에게 희망을 줍니다. 분명 전망이 어두울 확률이 높아도 그것을 솔직히 말하기란 쉽지 않습니다.

그렇다면 우린 경제 기사나 방송을 어떤 시각으로 바라봐야 할까요? 신년 운수야 재미 삼아 보지만 증권사 리포트, 경제 관련 신문 기사를 읽고 방송을 보는 이유는 투자에 도움이 될까 하는 생각 때문입니다. 자신은 전문가가 아니기에 권위 있는 이들의 판단을 참고하기 위해서죠. 하지만 그 누구도 미래를 정확히 전망할 수 없다는 점을 명심해야 합니다. 그러니 언제나 비판적 태도를 유지하는 것이 중요합니다.

정보는 극히 비대칭적인 성향을 보입니다. 신문이나 방송에서 독점이라고 보도하는 정보 역시 그렇습니다. 내가 알면 그것은 이미 정보로서 기능을 잃었다 해도 좋습니다. 가령, 특정 회사의 영업 이익이 전년도에 비해 배 이상 늘었다는 정보를 신문에서 얻었다 합시다. 일견 그런 회사의 주식은 사야지 하는 생각이 머리를 스칩니다. 하지만 내가 사면 어김없이 그 주식은 떨어집니다. 왜일까요? 내가 알게 된 정보를 이미 다른 사람이 먼저 알게 되었기 때문입니다. 이들은 그 정보를 이용해 해당 주식을 미리 선점한 후 뒤늦게 소식을 듣고 달려온 사람들에게 자신의 물량을 팝니다. 이익을 챙기고 유유히 떠나죠.

자산시장에 투자할 때는 '정보 비대칭성'을 항상 염두에 둬야 합니다. "너에게만 알려줄게." "너니까 알려주는 거야." 투자를 하다 보면 이런 말을 자주 듣습니다. 솔깃합니다. 흔들리기 쉽죠. 하지만 생각해 보십시오. 그렇게 좋은 정보면 자신만 알면 되지 뭐하러 남에게 알려줄까요. 정보를 공개하는 데에는 뭔가 숨겨진 의도가 있다고 생각해야 합니다.

이제는 수동적인 투자에서 벗어나야 할 때

정보가 홍수를 이루는 시대입니다. 예전의 아날로그 정보는 생각할 여유를 줬습니다. 하지만 디지털 정보의 홍수는 스스로 생각하는 힘을 빼앗습니다. 그저 보고 듣기만 강요하는 현대의 일방적 정보는 침잠하고 사유하는 시간을 없앱니다. 흘러넘치는 정보에 손과 눈만 바쁠 뿐입니다. 뇌가 분주해야 하는데 말이죠.

경제 기사, 방송, 전문가의 코멘트는 단지 참고 자료로 이용해야 합니다. 그것을 매개로 스스로 생각하고 판단할 수 있어야 합니다. 분명 오늘을 사는 현대인에겐 경제 관련 기사나 방송을 가까이 하면서 정보를 얻고 시대를 파악하는 과정이 필요합니다. 다만, 강조하지만 맹신하면 안됩니다.

신문, 방송과 같은 매체는 공공성을 강조합니다. 대부분은 막연히 이들이 선하다고 믿죠. 매체가 공급하는 정보에 거짓 혹은 의도적 방관이 있다고 전혀 의심하지 않습니다. 하지만, 이들 매체 역시 누군가의 이익을 위해 운영된다는 사실을 잊으면 안 됩니다. 이들은 모두 영리 기관으로 상업적 이익에서 자유로울 수 없습니다. 우리나라 경제 신문 중 일부는 건설 관련 회사들이 대주주입니다. 방송국도 예외는 아니죠. 이들 신문이나 방송이 보도하는 주택시장 관련 기사를 유심히 보십시오. 낙관 일색입니다. 대주주의 이익에 맞춘 선택이겠지요. 특정 대기업에 우호적인 기사 역시 마찬가지입니다. 최대 광고주의 이익을 해하는 기사를 쓰기는 어려울 겁니다.

이런 현실을 명확히 인식해야 합니다. 신문이나 방송의 공공성을 무시하는 게 아닙니다. 좋은 기사도 많습니다. 다만, 투자 목적일 때는 그것이 무엇이든 맹신하면 위험하다는 겁니다. 가장 좋은 방법은 비판적인 시각을 유지하는 겁니다. 경제 기사나 방송은 판단의 기초 자료로서 의미가 있습니다. 언제나 타인의 생각이 아닌 스스로의 사고로 판단을 내려야 합니다.

경제 기사 제대로 읽어야
수익으로 이어진다

'정보화 시대'란 말은 이제 진부하기까지 합니다. 정보는 과거엔 일부가 독점하는 전유물이었지만 이젠 누구나 누릴 수 있는 보편재가 됐습니다. 외려 너무 과해서 문제가 되는 시대입니다. 우린 정보의 폭우 속에 노출되어 있습니다. 너무 많은 정보는 우리를 혼란으로 밀어 넣습니다. 아무리 성능 좋은 컴퓨터라도 정보량이 너무 많으면 멈춥니다. 인간의 뇌는 어떨까요? 마찬가지로 멈출 수밖에 없습니다.

방죽을 무너뜨리고 밀려드는 디지털 정보의 홍수로 대부분은 어느 순간부터 스스로 생각하는 힘을 잃어갔습니다. 그저 보고 듣기만 강요하는 현대 정보의 일방성은 숙고의 여지를 주지 않습니다. 넘쳐흐르는 정보에 손과 눈만 바쁠 뿐 뇌는 멍한 상태입니다. 그럴 수밖에 없습니다. 정보를 처리해 올바른 해석을 하는 데는 많은 에너지가 소모됩니다. 숨 가쁜 세상살이로 지친 우리에게 '숙고'란 과정은 그야말로 피곤한 일입니다.

우리는 기사에서도 보고 싶은 것만 본다

편향, 특히 확증 편향은 어쩌면 당연합니다. '보고 싶은 것만 보고, 듣고 싶은 것만 듣는' 행위는 현대인의 자구책일 수 있습니다. 구태여 자신이 가진 견해, 주장, 신념에 부합하지 않는 정보까지 받아들이며 피곤하게 살려는 사람은 많지 않겠지요. 확증 편향이란 자신의 가치관, 신념, 판단 따위와 부합하는 정보에만 주목하고 그 외의 정보는 무시하는 사고방식을 말합니다.

경제에서도 많은 경우 같은 사안을 두고 해석은 천차만별입니다. 연준 의장의 발언이 나오면 기사, 방송이 쏟아집니다. 어떤 이는 시장에 우호적으로 해석하고 또 어떤 이는 부정적으로 해석합니다. 분명 '팩트'는 하나인데 해석은 수없이 갈래를 뻗습니다. 정보를 접하는 사람은 혼란에 휩싸일 수밖에 없겠지요. 여러분이라면 어떤 선택을 하겠습니까? 사실 누구나 다 자신에게 유리한 방향, 혹은 자신의 가치관이나 신념에 부합하는 방향을 받아들이려 할 것입니다. 인지상정입니다.

투자 행위는 인간 본성과 어울리지 않는 측면이 많습니다. 안전 욕구는 인간의 본성이지만 투자란 기본적으로 '위험'을 수용해야 하는 행위입니다. 군집 욕구 역시 본성 중 하나지만 투자는 '남들이 주목하지 않는 것'에 관심을 가질 때 큰 이득을 보장받습니다.

따라서 투자에서 성공하고 싶다면 확증 편향에 따른 정보의 잘못된 해석을 경계할 필요가 있습니다. 투자에선 신념과 가치관을 지켜나가는 것이 매우 중요합니다. 더욱이 그 신념과 가치관이 애초에 올바른 사고로 형성된 것인지를 따져봐야 합니다. 가령, 민족적 우월성을 증명하겠다며 유대인을 대량 학살한 나치의 신념이나 사이비 종교의 교주를 유일신으로 숭배하는 믿음, 혹은 가치관이 정당화될 수는 없을 겁니다.

투자도 같습니다. 어떤 종목이 분명 오르리란 믿음은 투자 행위에서 반드시 필요합니다. 이때 그 믿음이 어떤 과정을 거쳐 만들어졌는지가 중요합니다. 가령, 산업 구조의 장기적 변화, 실적, 경영진의 태도, 재무 건강성, 향후 성장성, 성장의 지속성 등을 면밀히 분석한 자료가 밑바탕이 되었냐, 아니면 그저 남들이, 기사가, 혹은 방송에서 좋다고 하니까 맹목적으로 그것을 추종했냐 하는 겁니다.

당신의 신념은 얼마나 믿을 만한가?

"전세금 3억 그 남자에 몰빵"…3년 만에 강남 입성한 주부

2022년 9월 3일 한국경제 기사 제목입니다. 여기서 '그 남자'는 테슬라의 CEO인 일론 머스크를 말합니다. 제목만큼이나 기사 내용도 자극적입니다. 2022년 6월 말 기준 테슬라는 2년간 212% 올랐습니다. 수익률은 3년 투자 시 1407%, 5년 투자 시 831%에 달했습니다. 그러니 3년 전에 전세금을 빼 테슬라에 3억 원을 투자했다면 양도세를 내고도 40억 원을 벌었을 테고, 꿈에 그리던 강남에 입성할 수 있었겠죠. 그게 기사의 주

요 내용입니다.

사람들은 이 기사를 읽고 어떤 생각을 할까요? 대부분 기사 속의 주인공을 부러워하고 닮고 싶어 할 것입니다. 또 많은 사람이 테슬라 주식에 주목할 테고 이제라도 늦지 않았다는 생각에 서둘러 사는 사람도 있겠습니다.

기사가 정확한 팩트를 썼을 수도 있습니다. 다만, 특정 정보를 읽을 때 일단 비판적인 시각으로 해석하는 습관을 갖는 건 매우 중요합니다. 기사 내용 속 인물은 과연 실재하는 존재일까요? 그럴 수도 있습니다만 그런 사람은 극히 예외일 겁니다. 현실 속에서 전세금을 빼 특정 주식에 '몰빵'하는 사람은 거의 없습니다. 주식은 등락을 반복하는데 3년을 보유하는 인내심을 가진 사람도 극히 적습니다. 특정 회사가 몇 년간 몇 배 상승했는지는 사실 투자자에게 의미가 없습니다. 결과론일 뿐이니까요. 그 3년 동안 무인도에 떨어져 외따로 살지 않는 한 주가 등락에 따라 십중팔구는 흔들립니다. 그게 인간입니다. 거듭 말하지만 기사 속 인물은 강철 같은 인내심과 거의 전 재산을 특정 주식에 몰빵할 수 있는 무모함을 가진 지극히 예외적인 인물입니다.

이런 기사를 접하고 테슬라 주식을 살지 말지 선택하는 건 분명 개인의 몫입니다. 물론 테슬라가 앞으로 얼마든지 더 오를 수도 있고요. 하지만 일부의 성공 스토리가 자칫 확증 편향을 강화할 수 있다는 점이 문제입니다. 확증 편향은 보유 편향으로 연결될 가능성이 매우 높습니다. 종종 자신이 가진 종목에 맹목적인, 혹은 열광적인 지지를 보내는 사람을 보게 됩니다. 설사 해당 종목에 치명적인 정보가 전해지더라도 이들은 굳건합니다. 조금만 있으면 10배가 오른다고 굳게 믿습니다. 보유 편향이란 이런 심리를 말합니다. 일단 무언가를 소유하게 되면 소유하지 않았을 때보다 해당 대상에 더 큰 가치를 부여하는 심리이죠. 심지어는 소유한 대상을 의인화하는 함정에 빠지기도 합니다. 하지만 이들의 기대는 대부분 무너집니다. 보통 손실은 걷잡을 수 없이 커지지요.

정보의 차단과 필터링은 다릅니다. 자신의 믿음이나 신념에 반하는 정보를 무조건 백안시하는 행위는 투자에서만큼은 절대로 해서는 안 됩니다. 세상은 끊임없이 변합니다. 하물며 투자는 펄펄 뛰는 신선한 생선과도 같습니다. 초 단위로 변하지요. 이때 중요한 건 팩트에 기반을 둔 정보 해석 능력입니다. 우선 최소한 자신이 틀렸을 수 있다는 의심을 해야 합니다. 반대 의견에도 귀를 열어둬야 한다는 거죠. 진정 열린 마음으로 경청하는 자세가 필요합니다. 그런데도 자신의 믿음이나 신념이 틀리지 않았다는 확신이 든다면 이때 그 믿음이나 신념은 비로소 자신의 것이 됩니다. 정말 굳건해지는 거죠.

거듭 말하지만 믿음이나 신념은 투자에서도 매우 중요합니다. 성공하려면 반드시 지녀야 할 덕목입니다. 하지만 더 중요한 건 그 신념이나 믿음이 어떤 정보를 근거로 형성됐느냐입니다. 무엇보다 끊임없이 연구하고 공부하며 깊은 통찰을 얻는 과정이 중요한 이유입니다. 비록 타인에 의해 가공된 정보라도 자신만의 것으로 소화하는 과정을 꼭 거쳐야 합니다.

2022년의 경제 기사는 어땠을까?

2022년 여름은 유독 뜨거웠습니다. 기온도 높았지만 40년 만에 출현한 인플레이션으로 체감 온도는 더욱 상승했습니다. 가을로 접어드는 9월, 날씨는 조금씩 선선해졌지만 인플레이션 기세는 꺾이지 않았습니다. 지구촌 서민들의 삶이 한층 팍팍해지고 있습니다.

현지 시간으로 8월 26일 잭슨홀 미팅에서 제롬 파월 연준 의장의 연설이 있었습니다. 잭슨홀 미팅이란 미국 캔자스시티 연준이 매년 8월 와이오밍주 휴양지인 잭슨홀에서 개최하는 경제 정책 심포지엄입니다. 주요국 중앙은행 총재 및 경제 전문가들이 참여해 경제 정책 및 금융시장에 관해 논의하는 자리이지요. 전 세계 언론과 시장이 파월 연준 의장의 연설에 주목했습니다. 그의 말에 따라 연준의 향후 행보가 정해지고 시장 및 투자자들의 손익이 커다란 영향을 받기 때문입니다.

"소문 난 잔치에 먹을 것 없다"란 속담이 있습니다. 사실, 파월 연준 의장의 발언 내용은 뻔했습니다.

"지금이 장기 중립금리여도 타이트한 고용시장을 생각하면 금리 인상을 중단할 때는 아니다."

인플레이션을 잡는 건 중앙은행의 가장 큰 책무입니다. 물가 안정은 중앙은행의 설립 목적이니까요. 이날 그의 발언은 이미 정해졌다고 봐야 합니다.

중립금리란 경제가 인플레이션이나 디플레이션의 압력 없이 잠재 성장률 수준으로 회복할 수 있도록 하는 이론적 금리입니다. 쉽게 설명하면 경제를 과열시키지도 침체시키지도 않고 안정적인 성장을 도모할 수 있는 금리를 말합니다. 현재의 금리는 중립금리일까요? 중립금리라면 높은 인플레이션이 지속되지 않아야 합니다. 중립금리라고 주장하면서 금리 인상을 계속한다는 말은 앞뒤가 맞지 않습니다. 그렇다면 그는 어떤 의미로 이런 말을 한 걸까요? 결국 경기 침체를 각오하면서까지 계속 금리를 올려 인플레이션을 잡겠다는 의지의 표현으로 봐야 할 겁니다.

금리 인상을 계속하겠다는 파월의 연설에 미국 주식시장은 큰 폭으로 하락했습니다. 나스닥은 거의 4% 하락했고 S&P500은 3.37% 내렸습니다. 투자자들은 과연 정확하게 정보를 해석한 걸까요? 특정 사안에 같은 정보를 놓고 해석은 얼마든지 분분할 수 있습니다. 어떤 게 맞고 어떤 게 틀리다고 단언할 수 없을뿐더러, 하나의 팩트가 어떤 영향을 가져올지 누구도 섣불리 단언할 수 없습니다. 하나의 정보로 미래를 전망하기는 불가능합니다.

그렇다면 우린 어떻게 정보를 해석해야 할까요? 사실, 연준이 물가를 잡겠다고 하는 건 '선호'입니다. 연준은 누구보다 더 절실하게 물가를 잡고 싶을 겁니다. 그 수단은 금리 인상입니다. 실은, 물가는 간단하게 잡을 수 있습니다. 누구도 예상하지 못할 수준으로 금리를 올려 수요를 파괴하면 됩니다. 즉, 중립금리를 넘어서는 수준으로 금리를 일시에 대폭 올리면 됩니다. 현실적으로 가능할까요? 그러기엔 선호를 누르는 '제약 조건'이 너무 많습니다.

일단, 대폭적인 금리 인상은 시장을 붕괴할 수 있습니다. 투자자들은 큰 손실을 보겠지요. 빚을 많이 진 개인과 기업은 파산할 겁니다. 기업이 파산하면 수많은 사람이 일자리를 잃을 테고, 그야말로 침체가 본격화되겠지요. 이런 일을 중앙은행이 과연 할 수 있을까요? 이렇듯 제약 조건은 선호를 누릅니다. 특정 정보를 분석할 때 항상 기억해야 하는 핵심입니다.

그렇다면 연준은 향후 어떤 행보를 보일까요? 분명히 금리 인상을 계속하겠다고 말할 것입니다. 또 실제로 그렇게 하겠지요. 하지만 경제에 미치는 부정적 영향을 최소화하는 수준에서 금리를 올리리라는 사실에 주목해야 합니다. 중앙은행이 경제를 인위적으로 파괴하지는 않을 거란 얘기입니다. 연준은 인플레이션을 잡고 싶어 합니다. 잡을 수 있는 도구(금리 조정)도 갖고 있습니다. 다만, 그 도구를 마음껏 쓸 수는 없습니다.

개인적으로 이번 하락이 폭락으로 연결될 가능성은 극히 낮다고 봅니다. 금융시장은 연준의 금리 인상이 계속될 거라는 사실을 알고 있습니다. 다시 말해, 연준이 설사 금리 인상을 한다 해도 놀라지 않는다는 거죠. 0.50%포인트냐 0.75%포인트냐가 과연 중요할까요? 현재 경제엔 과거와는 감히 비교할 수 없는 유동성이 흘러넘칩니다. 코로나 확산 이전이었던 2019년 12월 약 4조 달러였던 연준의 자산은 2022년 7월 25일 약 9조 달러에 달했습니다. 2배 이상 폭증한 유동성을 몇 번의 금리 인상과 양적 긴축으로 거둬들이기엔 한계가 있습니다. 이 돈들은 기회만 있다면 언제든 자산시장으로 달려갈 준비를 마쳤습니다.

물론 제 분석이 틀릴 수도 있습니다. 저 또한 그럴 경우를 대비해 대책을 마련해놓고 있죠. 세상 그 누구도 특정 정보를 해석해 미래를 정확히 전망할 수 없습니다. 인간은 최선을 다해 '가설'을 만들 뿐입니다. 중요한 건 가설이 틀렸을 때의 대처 방법입니다. 자신의 오류 가능성을 인정하면 얼마든지 반대 의견이나 정보에 마음을 열 수 있습니다. 무엇보다 '대비'가 가능합니다. 손실을 최소화할 수 있다는 얘기입니다. 무작정 자신의 생각이 맞다 혹은 맞아야 한다고 생각한다면 투자를 하지 말아야 합니다. 올바른 정보 분석은 결국 자신이 틀릴 수 있다고 인정하는 데서 출발합니다.

탈세계화:
세계 정세가 경제에 미치는 영향은?

2022년 2월 24일 새벽, 러시아가 우크라이나를 침공합니다. 이로써 20세기 후반 이후 지속되어 오던 세계 평화가 종지부를 찍었습니다. 여기서 말하는 세계 평화란 서구로 대표되는 자유민주주의 진영과 러시아, 중국이 이끄는 사회주의 진영 간 대립이 사라진 냉전 이후를 말합니다. 종족이나 종교를 둘러싼 갈등이나 국지전은 끊임없이 발생하지만 이념과 패권을 둘러싼 전쟁은 냉전 종식 이후 처음이라 할 수 있습니다.

대체 왜 이런 끔찍한 전쟁이 발발한 걸까요? 그 의미는 무엇일까요? 결론부터 말하면 '세계화'가 저물고 있습니다. 20세기는 '성장의 시대'였습니다. 세계대전이라는 참화를 겪었지만 일본, 독일 등은 눈부시게 성장해 미국 등 기존 선진국을 따라잡았습니다. 그뿐만 아니라 많은 신흥국이 뒤를 이어 남루함을 벗었습니다. 우리나라가 대표적입니다. 이는 상당 부분 '세계화' 덕분입니다.

세계화의 핵심인 신자유주의는 20세기의 상징입니다. 국가 권력의 시장 개입을 비판하고 시장 기능과 민간의 자유로운 활동을 중시하는 철학은 물리적 무역 및 자본의 자유화로 연결되며 국경을 무력화했습니다.

부작용도 있었지만 세계화로 인류가 한층 풍요로워졌다는 사실은 부정할 수 없습니다. 수많은 사람이 헐벗음과 굶주림에서 벗어났지요.

세계화의 일등 공신은 미국이었습니다. 미국의 세계화 주도가 가능했던 데에는 이유가 있습니다. 1980년대 후반, 소련이 마침내 패배를 선언합니다. 자유민주주의 진영의 힘이 공산주의를 패퇴시켰다 할 수 있습니다. 경쟁자가 사라진 세계에서 미국의 단극 체제는 당연했습니다. 이때부터 미국은 자신이 가진 힘을 적극적으로 이용해 타국에 영향력을 극대화하는 동시에 국제 공공재를 주도적으로 공급했습니다. 교역로 확보, 국제 경제 정책 조율, 세계 안보 등을 책임졌지요. 무엇보다 최종 소비자 역할에 충실했습니다. 이로써 미국은 세계 질서를 정하고 유지하는 큰 축을 담당하게 되었고, 세계화는 그 주요 수단이었습니다. 덕분에 동아시아는 눈부신 성장을 이룩했고 세계화는 더욱 질주했습니다.

이런 흐름은 2008년 금융위기 때까지 이어집니다. 세계화라는 도도한 물결은 영원할 듯 보였습니다. 하지만 2008년을 기점으로 상황이 바뀝니다. 탈세계화 조짐이 여기저기서 드러났지요. 세계화를 이끈 미국 등 선진국의 태도와 관점이 변한 겁니다.

선진국, 탈세계화를 외치다

질주해오던 세계화는 왜 주춤했을까요? 가장 큰 원인으로 세계화가 유발한 불평등의 심화를 들 수 있습니다. 세계화는 개인은 물론 국가 간 격차를 더욱 늘렸습니다. 그런데 선진국 중산층은 자신들이 세계화로 가장 큰 피해를 봤다고 믿습니다. 얼핏, 미국은 세계화로 이득을 가장 많이 본 국가라고 생각하기 쉽습니다. 맞는 말입니다. 하지만 미국민 입장에서 보면 그렇지 않습니다. 세계화의 이득이 모든 미국민에게 골고루 분배되지 않았기 때문이죠.

세계화는 기업의 해외 이전을 자유롭게 했고 이는 자국 산업 경쟁력 약화로 이어졌습니다. 양질의 일자리가 사라지고 중산층 이하 가계의 소득이 줄거나 정체하는 현상이 벌어졌지요. 대기업과 거대 자본은 이득을 봤지만 중산층과 중소기업은 손해를 봤다는 인식이 확산되었습니다. 무엇보다 중국과 같은 신흥 강국의 부상도 미국민을 불안하게 만들었습니다. 모든 위기가 세계화 때문이란 불만이 쌓여갔지요.

중산층의 불만은 결국 정치 지형을 바꿨습니다. 브렉시트와 트럼프의 등장이 이를 잘 말해줍니다. 특히, 트럼프는 자국 이익을 우선시하는 신고립주의와 보호 무역을 옹호함으로써 2017년 미국 대통령 자리에 오릅니다. 트럼프가 등장하면서 자유 무역이란 가치는 서서히 빛을 잃어갑니다. 설상가상 이때 코로나 바이러스가 덮쳤습니다. 바이러스는 이런 흐름에 기름을 부었지요. 생산, 물류 흐름이 일시에 멈췄습니다. 문제없이 작동하던 공급망이 흔들리자 각국은 위기를 맞게 됩니다. 필수 소비재 수입 의존도가 높은 국가일수록 더했습니다. 이때 주요국은 자국 생산과 제조가 얼마나 중요한지를 절감하게 됩니다. 자본과 무역 자유화로 대변되는 세계화가 정답이 아니란 인식이 일반화됐습니다. 세계화 퇴조 현상은 이로써 한층 뚜렷해집니다.

이는 2021년 조 바이든이 대통령에 취임한 후에도 크게 바뀌지 않습니다. 자유 무역 가치를 존중한다고는 하지만 자국 기업 우대와 중국 압박은 더욱 강화됩니다. 특히 중국과 중국의 기업을 노골적으로 제재하고 있지요. 러시아와의 갈등도 깊어졌습니다. 2022년 초 발발한 러시아와 우크라이나 전쟁은 세계화가 더 이상 지향해야 할 지상 목표가 아니란 현실을 서구, 특히 미국이 확인한 계기가 됐습니다.

1960년대에서 1990년대까지 냉전 시대에 세계는 둘로 나뉘어 대립했습니다. 현재 벌어지는 강대국 간 갈등은 미국이 주도하던 단극 체제가 끝나가고 있음을 말해줍니다. 일부에서는 냉전 시대로의 회귀 가능성을 말합니다. 대만을 둘러싼 미·중 대립, 러시아-우크라이나 전쟁은 이를 웅변합니다. 러시아와 중국이 한 축, 미국과 서방이 한 축이 되어 서로 동맹을 규합해 대립하는 시대가 본격화하고 있습니다.

더 나아가 다극 체제로의 변화가 뚜렷합니다. 미국이 국제 공공재 공급 역할을 축소하면서 대륙마다 패권을 차지하려는 군웅할거 群雄割據 조짐마저 보입니다. 중동 패권을 둘러싼 이스라엘, 이란, 사우디아라비아, 튀르키예 간 경쟁이 그 예입니다. 세계는 이미 다극 체제로 접어들었고, 탈세계화 혹은 지역화로 경로를 틀었습니다.

탈세계화를 부추기는 기술 진보

탈세계화를 부추기는 건 정치경제 요인만이 아닙니다. 기술도 한몫합니다. 눈부신 기술 혁신이 탈세계화를 가속화하고 있습니다. 지난 50여 년이 통신과 운송 수단 등의 기술 발달로 세계화가 꽃핀 시기였다면 향후는 또 다른 기술 진보로 탈세계화가 촉진되는 시대가 될 가능성이 큽니다.

지난 세기 세계화는 화석 연료의 원활한 수급, 저임금 수요 때문에 필요했습니다. 그런데 기술 발달이 이들 수요를 낮추고 있습니다. 21세기, 인류는 여전히 화석 연료에 의존하지만 새로운 에너지로의 전환에 속도가 붙고 있습니다. 최종 소비자와 가까운 곳에서 에너지를 생산하는 신재생에너지의 등장은 세계화의 필요성을 그만큼 줄입니다. 3D 프린터나 로봇의 진보 역시 지역화를 가속할 수 있습니다. 싼 노동력을 찾아 해외로 생산 기지를 옮기는 '오프쇼어링' 유인이 줄어들게 되니 말이지요. 대신 미국처럼 자국 내에 제조 회사를 적극 유치하는 '온쇼어링' 바람이 점차 거세질 수 있습니다. 이는 우호적인 공급망 확보, 경쟁국 압박 등이 목적이기는 하지만 궁극적으론 새로운 기술에 힘입은 바 큽니다. 노동 원가가 높은 선진국에서 제조업을 육성할 수 있는 발판이 신기술로 만들어지는 겁니다.

지난 50년이 세계화 시대였다면 향후 50년은 탈세계화, 지역화 시대가 될 가능성이 큽니다. 최소한 세계화는 약화하는 추세가 될 것입니다. 정치경제적 필요성에 새로운 기술이 더해져 그것이 가능해지고 있습니다. 우리는 거대한 변화의 초입에 있습니다. 변화는 필연적으로 불안정을 야기합니다. 기존 질서가 흔들릴 때 혼란은 불가피합니다. 개인이든 국가든 현명한 대처가 필요한 시점입니다.

9장

빚을 먼저 갚을까, 투자를 할까?

$ 투자의 기본은 시드머니에서 시작된다

$ 빚을 수익으로 바꾸는 레버리지 투자

$ 투자는 상상력 싸움이다

투자의 기본은
시드머니에서 시작된다

"저축을 왜 하니. 쥐꼬리만 한 월급 모아서 언제 부자가 되려고?"
"이자도 싼데 은행에서 풀로 당겨서 투자를 해야 부자가 되지."

흔히 들을 수 있는 대화입니다. 반은 맞고 반은 틀립니다. 저축만으로 부자가 되기는 어렵습니다. 투자를 병행해야 빠른 시일 내에 부를 일굴 수 있습니다. 다만, 저축의 경험이 없는 사람이 부를 유지할 가능성은 거의 없습니다. 일시적으로 큰돈을 만질 수는 있겠지요. 하지만 이런 사람들 대부분이 부 수성에 실패합니다. 부자들이 금과옥조처럼 여기는 말이 있습니다.

"쉽게 번 돈은 쉽게 빠져나간다. 쉽게 쌓은 부는 모래성처럼 허물어지기도 쉽다."

왜 이런 얘기를 하는 걸까요? 우리는 흔히 돈을 버는 게 힘들다고 말합니다. 맞습니다. 돈 벌기는 쉽지 않지요. 한데, 쉽게 돈을 버는 사람이 간혹 있습니다. 이런 사람은 돈의 귀중함을 모릅니다. 언제든 다시 벌면 된다고 생각해서입니다. 가령 어떤 주식이나 가상화폐를 샀는데 몇 배가 올랐다거나 아파트를 구입했는데 몇억이 오른 경우겠지요. 큰돈을 갑자기 번 대부분의 사람은 그것을 '운'이 아닌 '실력'이라 생각합니다. 자신의 능력이 뛰어나 큰돈을 벌었다고 자만하는 겁니다. 이들은 자신이 언제든 돈을 벌 수 있다고 믿게 됩니다.

하지만 행운이 연거푸 오는 경우는 매우 드뭅니다. 인생에서 복권에 한 번 이상 당첨될 확률은 얼마나 될까요? 투자했을 때 몇 배의 수익을 거두는 경우는 또 얼마나 될까요? 극히 적습니다. 하지만 쉽게 큰돈을 벌었던 사람은 자신의 실력을 과대평가합니다. 이는 무리한 투자나 의사결정으로 이어지기 쉽습니다. 대부분이 결국 자신이 쌓은 부를 지키지 못하지요.

저축은 종잣돈을 모은다는 의미에서도 중요하지만 돈의 귀중함을 깨닫게 한다는 점에서 특히 중요합니다. 돈을 모아본 사람은 압니다. 보통 사람이 돈을 모을 때 가장 많이 택하는 방법이 적금입니다. 기한은 보통 1년에서 3년, 길게는 5년 이상으로 하는 경우가 많지요. 하지만 이 적금을 만기까지 유지하기란 쉬운 일이 아닙니다. 중도에 포기하는 경우가 다반사죠. 이유는 많습니다. 적금을 넣는 중에 일자리를 잃을 수도 있고 갑작스러운 일을 당해 급하게 돈을 써야 할 일도 생깁니다. 적금 중도 해지 비율은 40%를 넘는 것으로 알려졌는데, 이 수치는 돈을 모으는 일이 그만큼 어렵다는 걸 방증합니다.

쥐꼬리만 한 이자로도 수익이 난다

적금을 만기까지 유지해 목돈을 마련한 사람은 어떤 생각을 할까요? 일단 목표를 성취했다는 만족감과 함께 적금을 유지하려고 애썼던 과정을 떠올릴 겁니다. 돈을 모으는 게 얼마나 어려운 일인지를 알기에 그것을 해냈다는 자부심을 느끼겠지요. 무엇보다 돈의 소중함을 피부로 절감합니다. 이 과정을 거친 이들은 대부분 돈을 허투루 쓰지 않습니다. 그 돈을 이용해 뭔가를 할 때도 한층 신중해지겠지요. 이게 바로 저축이 주는 가장 큰 혜택입니다. 기다릴 줄 아는 인내심, 허투루 쓰지 않고 절제하는 데 성공한 경험의 축적은 무엇과도 바꿀 수 없는 소중한 가치입니다.

저축으로 우리가 얻을 수 있는 이득은 또 있습니다. 바로 이자입니다. 돈을 자신의 금고에 차곡차곡 모아놓으면 돈은 아무런 부가 가치를 생산해내지 않습니다. 하지만 은행에 예·적금을 들어두면 '이자'를 주지요.

"초저금리 상황에서 은행에 예·적금을 하는 게 재산 증식에 무슨 도움이 되죠?"

가장 많이 듣는 질문입니다. 단기적으론 맞는 말입니다 하지만 저축은 시간과의 싸움이자 그 열매입니다. 저축을 하는 기간이 길어질수록 열매는 더욱 풍성해집니다. 바로 '복리의 마술' 때문입니다.

2022년 3월 기준으로 예시를 들어보겠습니다. 1년 만기 정기 예금 금리는 은행에 따라 차이가 나지만 2% 금리를 주는 곳도 쉽게 찾을 수 있습니다. 1000만 원을 1년 만기 정기 예금에 맡기면 1년 후에는 이자가 20만 원이 붙어 1020만 원이 됩니다. 물론 여기서 세금을 제하고 나면 실제로 손에 쥐는 돈은 더 적겠지요. 별것 아니라 할 수도 있습니다. 그런데 여기서부터 '시간의 힘'이 작용합니다.

원금과 이자를 더한 금액을 다시 정기 예금에 맡기면 1년 후엔 20만 4,000원의 이자가 붙습니다. 1년 차 이자 20만 원, 2년 차 이자 20만 4,000원이 붙어 원금은 2년 차 말에 1040만 4,000원으로 불어납니다. 3년 차에는 더욱 커질 테고 저축 기간이 길어질수록 원금은 그만큼 불어나겠죠.

이렇게 모아 언제 부자가 되냐고 되묻는 분들이 있을 겁니다. 맞습니다. 하지만 여러분은 계속해서 일을 하면서 돈을 벌 테고 그중 일부는 다시 예·적금을 들면서 원금 자체를 늘려가게 될 겁니다. 원금이 커지면 이자도 늘어나겠지요. 여기서 저는 저축은 빠르면 빠를수록 유리하다는 점을 강조하고자 했습니다. 20대에 저축을 시작하면 '시간의 힘'이 많은 문제를 해결해줍니다. 생각해보십시오. 오십이 넘어, 간혹 예순이 넘어 저축을 시작하는 사람이 있습니다. 이들은 얼마를 모을 수 있을까요? 답은 자명합니다. 저축을 빨리 시작할수록 그 열매는 크고 달콤합니다.

저축의 꿀, '복리'의 마술

대체 복리가 뭘까요? 이자를 계산하는 방식을 말합니다. 단리란 원금에 대해서만 일정한 이자율을 적용해 지급하는 방식을 말합니다. 반면 복리는 일정 기간이 지난 후 발생한 이자를 원금에 포함해 그 합계 금액에 이자를 지급하는 방식을 말합니다. 어떤 게 유리할까요? 당연히 복리가 유리합니다. 따라서 금리가 같다면 단리보다는 복리로 이자를 계산해 주는 상품에 가입하는 게 좋겠죠.

복리의 단위 기간은 짧으면 짧을수록 좋습니다. 연 단위보다는 월 단위, 월 단위보다는 일 단위로 이자를 계산해주는 복리 상품이 훨씬 유리합니다. 이런 상품이 어디 있냐고요? 있습니다. 2022년 3월부터 토스뱅크는 이자를 매일 지급합니다. 원금에 전날 지급한 이자를 더해 다시 이자를 계산해 지급하는 완벽한 일 복리 상품입니다. 단, 이 상품이 언제까지 유지될지는 미지수입니다. 어쨌든 아무리 저금리 상황이라도 찾아보면 꽤 괜찮은 상품이 있다는 점이 중요합니다.

저축은 습관입니다. 매달 혹은 매일 조금씩 저축해 1년을 모으면 목돈이 됩니다. 그 목돈을 정기 예금에 예치하고 다시 1년을 열심히 일해 목돈을 만듭니다. 1년 후에 그 돈을 찾아 그동안 예치해뒀던 정기 예금 금액에 더해 다시 예금을 듭니다. 청년 시절부터 이런 식으로 꾸준히 저축해나가면 자신도 모르는 새 이른바 '종잣돈'이 상상하지 못한 수준으로 커져 있을 겁니다.

빛을 수익으로 바꾸는
레버리지 투자

오늘을 사는 사람치고 '빛'에서 자유로운 사람은 없습니다. 사실 대부분의 성인, 아니 거의 전부가 빛을 지고 삽니다. 정도의 차이만 있을 뿐이죠. 빛이 전혀 없는 사람이 없지는 않습니다. 하지만 이들 역시 주로 신용카드를 사용하니 일시적이긴 해도 빛을 지는 셈입니다. 부자는 부자대로, 서민은 서민대로 다양한 이유로 빛을 집니다. 투자를 하려고, 생활비가 부족해서, 학자금 용도로, 쇼핑을 하려고, 집 매수 자금이 부족해서 등등.

누군가를 노예로 부릴 수 있는 가장 좋은 방법은 뭘까요? 상대방에게 돈을 빌려주면 됩니다. 그것도 갚기 힘들 정도로요. 이로써 빛을 진 사람은 완전히 종속된 인간이 됩니다. "호랑이도 빛을 지는 순간 순한 양이 된다"라는 속담이 있습니다. 빛을 지는 순간 대부분의 인간은 심리적 압박을 느낍니다.

왜 그럴까요? 반드시 갚아야 한다는 생각 때문입니다. 갚지 못하면 신용 불량자가 되거나 파산자가 되니까요. 이 둘 모두 치명적입니다. 경제 활동에, 더 나아가 사회 생활 자체에 많은 제약이 따릅니다. 그것만이 아닙니다. 경우에 따라선 자식이나 가족에게까지 상속됩니다. 자산처럼 빚도 상속됩니다.

물론 빚의 고리를 합법적으로 끊을 방법이 있습니다. 법원의 파산, 혹은 면책 제도를 이용하는 거죠. 하지만 법원이 누구에게나 파산, 면책을 허가하지는 않습니다. 정말로 경제 능력이 없는 사람에 한해서만 구제해주죠. 따라서 정상적인 경제 생활이 가능한 사람은 어떻게든 빚을 갚아야 합니다. 신용회복제도를 통해 상환해야 할 원리금을 감액해주는 경우는 있지만 어쨌든 갚아야 합니다.

이것이 제아무리 정신력이 강한 사람이라도 채권자 앞에 서면 순한 양이 되는 이유입니다. 상환을 정상적으로 하고 있다면 문제 될 건 없겠지요. 하지만 연체 등 상환을 정상적으로 하지 못해 은행이나 채권자로부터 상환 안내 문자나 전화라도 받게 되면 순식간에 온몸이 얼어붙는 것은 빚이 가진 속성 때문입니다.

세상에는 '생산적인 빚'도 존재한다

그렇다면 과연 빚은 악일까요? 금기시해야만 할까요? 그렇지 않습니다. 빚에는 순기능도 있습니다. 생산적인 빚일 때 그렇습니다. '생산적'이란 말은 빚을 이용해 그 이상의 결과물을 창출할 때를 말합니다. 빚을 지지 않는 기업은 거의 없습니다. 큰 부자들도 빚을 집니다. 이들이 빚을 지는 이유는 간단합니다. 빚을 지렛대로 이용해 더 큰 이익을 낼 수 있기 때문입니다. 기업은 돈을 빌려 투자를 합니다. 부자들은 은행 대출을 활용해 상가를 사거나 주택에 투자하죠.

빚이 생산적이려면 이자보다 그것을 이용한 투자 이익이 커야 합니다. 또한, 빚이 기존 생활을 위협하면 안 되겠지요. 쉽게 설명해, 빚을 갚아나가는 데 현재의 벌이나 수익으로 무리가 없어야 합니다. 이런 의미에서 빚은 오히려 부자들에게 좋은 무기가 됩니다. 서민들은 충분히 좋은 투자 기회가 있더라도 종잣돈이 없거나 빚을 낼 수 없어 포기하게 되죠. 반면, 부자들은 좋은 투자 기회가 있을 때 자금 마련에 어려움이 없습니다. 이들이 돈을 쉽게 불려나가는 이유입니다.

"학자금 대출을 먼저 갚아야 할까, 주식이라든지 투자를 먼저 해야 할까?"

이런 질문을 가끔 받습니다. 답은 간단합니다. 생산적인 투자가 가능하다면 빚을 갚기보다는 투자를 하는 편이 좋겠지요. 중요한 건 투자를 '생산적'으로 만들 자신이 있냐는 겁니다. 여기서 잊지 말아야 할 게 하나 있습니다. 투자는 기본적으로 위험을 감수하는 행위입니다. 투자란 미래의 불확실성에 베팅하는 행위죠. 미래는 아무도 모릅니다. 투자가 100% 성공한다는 보장은 그 어디에도 없습니다.

그렇다면 어떻게 해야 할까요? 위험이 두려워 투자를 포기해야 할까요? 그렇지 않습니다. 투자로 얻을 수 있는 기대 이익이 대출 이자보다 높다면 과감하게 해야 합니다. 다만 투자 위험도 반드시 고려해야 겠지요. 가령, 투자에 손실이 나더라도 자신이 어느 정도까지 충분히 감당할 수 있는지를 판단해야 합니다. 20% 정도 손실이 나더라도 현재의 현금흐름으로 학자금 대출 이자를 갚을 수 있고 상환에 무리가 없다면 투자를 선택해야 합니다. 만약 그 이상 손실이 난다면 안타깝지만 투자금을 회수해야겠지요.

반복하지만, 투자란 위험을 지는 것의 대가이자 보상입니다. 성공과 실패가 공존할 수밖에 없는 행위입니다. 실패가 두려워 투자하지 못한다면 부자의 길은 그만큼 멀어지겠지요. 반대로, 성공에 대한 무분별한 확신 또한 위험합니다. 투자를 할 때는 손실의 가능성과 함께 그것을 어느 정도까지 감당할 수 있는지 냉혹한 판단이 선행돼야 합니다.

'레버리지 leverage 투자'란 말을 들어보셨을 겁니다. 레버리지는 '지렛대'라는 뜻으로, 경제학에서는 타인자본, 즉 빚을 지렛대로 이용해 자기자본의 수익을 증대하는 행위를 일컫습니다.

예를 들어볼까요? 10억 원짜리 집을 샀는데 1년 후 2억 원이 올라서 12억 원이 됐다고 가정해봅시다. 자기자본 대비 수익률은 어떻게 될까요? (편의상 은행 이자, 제세공과금은 없다고 가정하겠습니다.)

1. 순전히 자기자본만으로 집을 산 경우: 10억 원을 투자해 2억 원을 벌었으니 수익률 20%

2. 자기자본 5억 원과 타인자본인 은행 대출 5억 원을 이용해 집을 산 경우: 5억 원을 투자해 2억 원을 벌었으니 수익률 40%

3. 자기자본 1억 원과 타인자본인 은행 대출 9억 원을 이용해 집을 산 경우:
   1억 원을 투자해 2억 원을 벌었으니 수익률 200%

수익은 똑같이 2억 원이지만 자기자본이 적을수록 자기자본 대비 수익률은 크게 높아집니다. 만약 자기자본 10억 원을 가졌고 타인자본을 900%까지 끌어올 수 있는 사람이라면 10억 원으로 집 10채를 살 수 있으니 20억 원의 수익을 내게 됩니다. 투자 성공 확률이 높다면 레버리지를 높여 수익을 극대화할 수 있겠지요. 이것이 바로 '레버리지 효과'입니다.

양날의 검, 레버리지 투자

레버리지 투자의 긍정적 측면만을 본다면 이보다 더 좋은 투자 방식은 없다는 착각에 빠지게 됩니다. 하지만 레버리지 투자는 양날의 검입니다. 레버리지 투자가 성공했을 때 수익률은 자기자본을 적게 투입할수록, 타인자본을 늘릴수록 커집니다. 하지만 모든 투자가 성공하는 것은 아닙니다. 실패했을 때는 어떻게 될까요? 10억 원짜리 집을 샀는데 1년 후 2억 원이 하락해 8억 원이 됐다고 가정해봅시다. 이때 자기자본 대비 수익률은 어떻게 될까요? (조건은 앞과 같습니다.)

1. 자기자본만으로 집을 산 경우: 10억 원을 투자해 2억 원 손실을 봤으니
   수익률은 −20%

2. 자기자본 5억 원과 타인자본인 은행 대출 5억 원을 이용해 집을 산 경우:
   5억 원을 투자해 2억 원 손실을 봤으니 수익률은 −40%

3. 자기자본 1억 원과 타인자본인 은행 대출 9억 원을 이용해 집을 산 경우:
   1억 원을 투자해 2억 원 손실을 봤으니 수익률은 −200%.

손실은 똑같이 2억 원이지만 자기자본이 적을수록 자기자본 대비 마이너스 수익률은 크게 높아집니다. 만약 자기자본 10억 원을 가진 사람이 타인자본 900%를 끌어들여 집 10채를 샀다면 이 사람은 20억 원 손해를 보게 됩니다. 자기자본 10억 원은 다 날리고 추가로 10억 원의 빚을 더 진 겁니다. 레버리지 투자는 이처럼 무섭습니다. 레버리지 효과를 누리려면 반드시 투자의 '성공 가능성'이 전제돼야 합니다. 무분별한 레버리지 투자는 실패의 지름길입니다.

요즘도 '갭투자'를 하는 분들이 있습니다. 갭투자란 집값과 전셋값 차이 gap 가 적은 집을 전세를 끼고 매입하는 투자를 말합니다. 예를 들어 매매가가 5억 원인 주택의 전셋값이 4억 원일 경우 전세를 끼면 1억 원의 자기자본만으로 집을 살 수 있습니다. 일정 기간 뒤 집값이 오르면 팔아서 시세 차익을 남길 수 있어 부동산 활황기에 많이 보이는 전형적인 레버리지 투자법이죠.

갭투자는 집값 상승이 확실할 때 이뤄집니다. 그런데 집값이 오르지 않거나 떨어지면 어찌 될까요? 위험 부담은 고스란히 투자자가 안아야 합니다. 가령 위 사례에서 집값이 1억 원만 떨어져도 갭투자자는 무엇 하나 건지지 못하는 상태가 됩니다. 심한 경우엔 전셋값도 돌려주지 못하겠지요. 실제로 아파트나 빌라 수백 채를 이런 식으로 샀던 사람이 집값이 하락하자 전세금을 돌려주지 못해 파산하는 경우가 종종 있었습니다.

사회 초년생인 청년들은 부모 등의 도움 없이 큰 규모의 자기자본을 갖기가 불가능합니다. 저축을 열심히 했더라도 그 돈만으로 집을 사거나 사업을 하기에는 한계가 있지요. 이때 타인자본, 즉 빚을 이용할 수 있다면 선택지가 넓어집니다. 생산적인 투자가 가능하다면 빚을 적극적으로 이용할 필요가 있겠지요. 다만, 빚을 낸 투자의 위험성에 대한 냉철한 분석이 반드시 전제돼야 합니다. 빚은 양날의 검입니다. 날카로운 칼은 언제든 자신도 벨 수 있다는 점을 명심해야 합니다.

투자는 상상력 싸움이다

투자에는 왕도가 없습니다. 모든 투자는 성공과 실패 사이를 오가는 위험한 행위입니다. 성공을 보장해주는 비법이나 전문가는 그 어디에도 없습니다. 그렇다면 우리는 무엇을 가슴에 새겨야 할까요?

거친 바다를 건너는 과정에는 좋은 배와 현명한 항해사가 필수입니다. 좋은 배는 구조가 튼튼해야 하지요. 튼튼한 투자의 배는 돈, 인내심, 강인한 정신으로 구성됩니다. 투자할 때는 돈이 손실을 버틸 수 있을 정도로 필요합니다. 돈이 없으면 조금의 손실에도 흔들리고 작은 이익에도 흥분하기 쉽지요. 돈과 인내심은 상관관계가 깊습니다. 돈이 충분한 사람은 웬만한 상황에서 흔들리지 않습니다. 인내심을 갖고 기다릴 힘이 있으니까요. 강인한 정신력 역시 마찬가지입니다.

그렇다면 현명한 항해사는 누구를 말하는 걸까요? 경험이 풍부해서 주체적인 사고가 가능한 사람입니다. 간혹 남의 말을 듣고 투자해 큰돈을 번 사람도 있습니다. 하지만 이들이 그 돈을 장기적으로 지켜나가거나 키워나가는 것을 저는 거의 보지 못했습니다. 이렇게 번 돈은 경험으로 축적되기 어렵습니다. 반면에, 처음 몇 번은 실패하더라도 주체적인 관점과 판단으로 투자했던 사람은 마침내 성공에 이릅니다. 실패의 경험이 투자 성공의 밑거름이 된 셈이지요.

투자는 의외로 상상력 싸움입니다. 아무 생각 없는 '묻지 마 투자'는 한 번의 성공으로 연결될 수 있지만 지속되긴 어렵습니다. 투자에선 충분히 생각한 후 행동해야 합니다. 생각과 상상력에는 밀접한 연관성이 있습니다. 투자자라면 부동산이든 주식이든 자신이 사고자 하는 자산의 미래를 그릴 수 있어야 합니다. 어떤 사람은 자신에겐 그럴 능력이 없다고 생각합니다. 그렇지 않습니다. 사고와 상상력의 근원은 습관입니다. 자꾸 하다 보면 어느새 익숙해집니다. 상상력은 지평을 넓혀가고 생각은 깊어지기 마련입니다.

투자의 기본 원칙, 4G

앙드레 코스톨라니는 투자계의 거목이자 교주로까지 추앙받는 분입니다. 그의 책《돈, 뜨겁게 사랑하고 차갑게 다루어라》에는 투자자라면 보물처럼 간직해야 할 투자 원칙이 나와 있습니다. 그는 4G를 강조했습니다. 4G란 바로 돈Geld, 생각Gedanken, 인내심Geduld, 행운Glück 입니다. 이 네 가지 요소는 매우 유기적으로 연결되어 있습니다.

우선, '돈Geld'은 손실이 나도 평정심을 유지할 수 있도록 해줍니다. 과도한 빚에 의존한 투자는 우리를 불안하게 합니다. 충분히 생각한 후에 결정한 투자였더라도 빚에 쪼들리면 손실이 나는 경우를 참지 못하고 손절하게 되지요. 이때 이상한 일이 벌어집니다. 팔자마자 해당 자산이 상승 곡선을 그립니다. 조금 더 인내했더라면 수익을 볼 수 있었을 텐데 기회가 날아가는 것은 물론 계좌는 쪼그라듭니다.

이익이 날 경우도 마찬가지입니다. 수익이 조금이라도 난 경우에 '떨어지면 어떡하지' 하는 초조함에 더 큰 수익을 포기하고 약간의 수익만 챙긴 채 팔아버립니다. 이때도 팔자마자 해당 자산은 큰 폭의 상승세를 보입니다. 더 큰 수익을 얻을 수 있는 기회를 안타깝게 놓쳐버린 겁니다.

돌발 변수에 대처하는 자세

"상상력은 지식보다 중요하다"

아인슈타인의 말입니다. 상상력은 과학의 영역에서만 힘을 발휘하는 게 아닙니다. 투자 세계에서도 투자자라면 필히 갖춰야 할 덕목이죠. 미래는 언제나 안개 속입니다. 투자자는 이때 충분한 '생각Gedanken'을 바탕으로 미래를 그릴 수 있어야 합니다. 주식 투자자라면 미래 산업의 성장성을 평가하고, 특정 기업의 기술이 얼마나 경쟁력이 있을지 판단할 수 있어야 하겠죠. 부동산 투자를 할 때도 해당 지역의 미래 모습을 그릴 줄 알아야 합니다.

동시에, 전반적인 경제 흐름에 대한 이해도 중요하겠지요. 현재 상황이 돈이 풀리는 시점인지, 아니면 줄어드는 시점인지 거시적 판단을 해야 합니다. 이런 상상력은 결국 '생각의 힘'이 만들어냅니다. 앞에서도 얘기했듯 생각은 '훈련의 결과물'입니다. 특정 상황과 조건에서 미래는 어떤 모양을 띠게 될지 반복적으로 생각해봐야 합니다. 그런 경험이 쌓이다 보면 자연스레 미래를 그릴 수 있게 됩니다. 남의 말에 의존한 투자가 아니라 주체적인 투자가 가능해지지요.

생각의 결과가 항상 들어맞는 건 아닙니다. 그렇다고 실망할 필요는 없습니다. 실패의 경험이 쌓이다 보면 성공의 가능성은 그만큼 커집니다. 실패의 경험이 우리를 더 나은 판단으로 안내하기 때문입니다. 실패를 자책하기보다는 그것을 계기로 무언가를 배우려고 자꾸 시도해야 합니다. 누구도 오류 없는 완벽한 생각을 해내기는 불가능합니다. 미래를 잘못 그렸다고 실망할 필요는 없습니다. 더 좋은 판단을 한다는 것은 더 높은 확률을 찾는 게임과 마찬가지니까요. 미래를 100% 확률로 그려내기란 불가능합니다. 끊임없이 생각하며 확률을 높여갈 뿐이죠.

투자에서 '인내심 Geduld'의 중요성은 두말할 필요가 없습니다. "돈은 머리로 버는 게 아니라 엉덩이로 번다"라는 말은 투자자라면 반드시 기억해야 할 금언입니다. 인내는 다음과 같은 이유로 중요합니다. 생각의 결과물인 '판단'은 투자 초기에 어긋나는 것처럼 보이는 경우가 태반입니다. 이때는 불안하죠. 자신의 판단이 잘못되었을 수 있다는 생각에 고통스럽습니다. 하지만 그 고통을 참고 견디다 보면 마지막에 가서야 원래 판단대로 움직이는 것을 보게 됩니다.

투자자가 십상 실패하는 이유는 수시로 찾아오는 변동성을 참아내지 못해서입니다. 모든 자산 가격은 오르내림을 반복하며 추세를 만들어내지, 일방적으로 오르거나 내리지 않습니다. 이런 가격의 변동성은 투자자를 혼란스럽게 만듭니다. 튼실한 기초, 즉 충분한 생각과 진단, 판단을 토대로 투자가 이루어졌다면 흔들림이 적을 겁니다. 튼튼한 기반에 자리한 집처럼 폭풍우에 흔들리지 않겠지요. 튼튼한 기초를 바탕으로 한 투자는 웬만한 가격 변동에도 쉽게 흔들리지 않습니다. 일종의 신념이 생겨서입니다. 그 힘이 우리를 성공적인 투자로 이끕니다.

'운 Glück'은 말 그대로 자신이 통제할 수 없는 변수입니다. 전쟁, 코로나 바이러스와 같은 자연재해, 정치적 혼란 같은 상황이 대표적인 변수지요. 이런 상황이 닥치면 대부분의 자산시장은 큰 폭으로 하락합니다. 이런 돌발 변수가 발생하면 애초 투자 판단의 기초가 되었던 모든 요소가 변합니다.

가령, 러시아의 우크라이나 침공은 러시아에 투자했던 사람들에겐 지독한 불운으로 작용했을 겁니다. 이 경우, 주체적인 판단에 기초해 정확한 의사결정을 했더라도 행운의 여신이 빗나갔습니다. 투자자라면 언제든 겪을 수 있는 상황입니다. 사실, 통제할 수 없는 돌발 변수까지 고려한 투자란 있을 수 없습니다. 투자는 '행운'도 따라줘야 합니다. 세상만사가 그렇지요.

그렇다고 자신이 지독히 운이 없다고 실망할 필요는 없습니다. 돌발 변수는 대체로 시장에 장기간 악영향을 미치지 않습니다. 코로나 바이러스로 인한 폭락이 대표적이죠. 시장이 큰 폭으로 하락했지만 얼마 지나지 않아 반등했습니다. 회복이 빨랐지요. 이 경우, 참고 견딘 사람이 승자가 됐습니다.

결론적으로 돌발 변수의 부정적 영향이 얼마나 오래갈지에 대한 판단이 중요합니다. 돌발 변수의 영향이 단기에 그칠 수도 있고 길게 이어질 수도 있습니다. 핵심은 돌발 변수가 발생했을 때 새로운 조건들을 냉정히 판단해 전략을 바꿔 짜야 한다는 겁니다. 기존 투자의 지속 여부는 이 전략을 토대로 결정되어야 합니다. 부화뇌동하거나 심리적 동요에서 벗어나지 못해 냉정함을 잃으면 돌이킬 수 없는 손해를 보겠지요.

10장

투자에 손해가 났는데
놔둘까, 팔까?

$ 요동치는 자산시장, 장기 투자는 과연 유리한가?

$ 안전자산은 굳건한 주춧돌이 되어준다

요동치는 자산시장,
장기 투자는 과연 유리한가?

2022년 들어 자산시장, 특히 주식시장의 변동성이 심상치 않습니다. 주요국 중앙은행의 긴축이 가시화된 데다 러시아의 우크라이나 침공으로 투자 심리가 얼어붙었기 때문입니다. 시장은 폭풍우 치는 바다처럼 요동치고 있습니다. 오르내림이 반복되는 시장을 보다 보면 투자를 결정했던 초기 판단이 잘못된 것은 아닌지 의심이 움트고 마침내는 견디지 못하고 손실을 보면서 투자자산을 매각합니다.

그런데 그렇게 팔고 나니 거짓말처럼 주식은 다시 상승합니다. 부랴부랴 다시 매입하니 또 곤두박질합니다. 이런 과정이 반복되다가 어느 날 보니 계좌는 시퍼렇게 멍이 들어 있습니다. 투자자는 자신감을 잃고 시장을 원망하며 마침내는 떠납니다. 사실 위의 예는 이른바 개미투자자의 전형이라 할 수 있습니다. 시장이 좋을 때는 많은 사람이 수익을 거둡니다. 하지만 시장 변동성이 극심할 때는 거의 모든 개인 투자자가 손실을 보죠. 그럼 어떻게 하는 게 좋을까요? 역사적 경험에서 배우는 편이 가장 좋습니다. JP모건자산운용이 발표한 흥미로운 자료를 봅시다.

1. 2002년 1월 1일 1만 달러를 S&P500에 투자해서 2021년 12월 31일까지 보유했다면 투자금은 6만 1,685달러로 불어납니다. 연평균 수익률은 9.52%를 기록했습니다.

2. 만약 이 투자자가 주가 상승 폭이 가장 컸던 10일을 놓쳤다면 투자금은 2만 8,260달러로 불어나는 데 그칩니다. 연평균 수익률은 5.3%입니다.

3. 가장 좋은 20일을 놓쳤다면 투자금은 1만 6,804달러로 불어나는 데 그칩니다. 연평균 수익률은 2.63%로 급락합니다.

이 자료가 말해주는 바는 분명합니다. 투자자의 잦은 거래가 큰 수익의 기회를 날려버린다는 것이지요. 그렇다면 투자자들은 왜 주가가 크게 상승하는 날을 놓칠까요? 바로 인내심이 없기 때문입니다. 사실, 20년을 매도 없이 투자하기란 쉬운 일이 아닙니다. 아니, 거의 불가능합니다. 보통 어느 정도 오르면 수익을 실현하기 위해 매도합니다. 손실을 볼 때도 마찬가지입니다. 조금만 손실이 나도 참지 못하고 매도하는 게 일반적인 인간의 심리입니다. 잦은 거래가 원인이죠.

10~20년에 걸친 장기 투자는 거의 불가능합니다. S&P500이나 코스피200과 같은 지수에 투자하는 방식이 아니라면 대부분 개별 종목에 투자할 텐데 오늘과 같이 산업 구조 전환이 매우 빠른 상황에서는 10년, 20년 후 그 회사가 어떻게 될지 누구도 장담할 수 없습니다. 3년 후, 5년 후 미래도 안갯속이지요. 이런 상황에서 특정 종목을 몇 년씩 보유한다는 것은 어쩌면 어리석은 선택일 수도 있습니다. 그렇다고 시세에 흔들리는

잦은 매매도 좋지 않습니다. 그렇다면 우리는 어떻게 해야 할까요?

가장 좋은 방법은 목표 이익을 정하는 겁니다. 물론 몇 퍼센트가 내리면 손절한다는 원칙도 있어야 하겠지요. 돌발 상황이 발생하지 않는다면 어떤 일이 있어도 이 원칙은 지켜나가는 뚝심이 필요합니다. 어려울 수 있습니다. 하지만 지켜나가다 보면 어느새 습관이 됩니다. 엉덩이가 무거운 사람이 투자에서도 승리합니다. 이것이 우리를 잦은 거래에서 지켜줄 유일한 방법입니다. 초보 투자자라면 좋은 습관을 기르는 데 우선 집중해야 합니다. 좋은 습관만이 투자에서 승리할 수 있는 비법입니다.

투자 습관으로 손실 회피를 이겨내라

앞서 2부에서 손실 회피 심리를 비이성적인 시장 심리의 일환으로 살펴봤습니다. 논의를 이어가 보겠습니다. 진화생물학자들은 인간의 뇌에 여전히 원시 시대의 DNA가 남아 있다고 말합니다.

수렵 생활을 하던 원시 시대 인간의 뇌와 오늘을 사는 인간의 뇌는 분명 차이가 있을 겁니다. 인류도 진화를 거듭했을 테니까요. 하지만 원시 시대와 현대가 천지 차이여도, 인간의 본능과 본성은 생각보다 그 변화의 폭이 크지 않다고 합니다. 원시 시대 인간의 본능이 현대인에게도 여전히 영향을 준다는 거죠. 본능의 종류는 많습니다. 그중 투자자가 주목해야 할 것은 바로 '손실 회피 심리'입니다.

수렵 생활을 하던 원시인에게는 생존의 필수 조건이 몇 가지 있었습니다. 그들에게 먹거리를 빼앗기는 사건은 죽음의 위협에 맞닥뜨리는 치명적인 일이었습니다. 사냥의 수확물을 갖고 전쟁을 벌인 이유는 이 때문이었겠지요. 원시 시대 인간에겐 먹거리를 지키는 일이 먹거리를 얻는 일보다 중요했을 겁니다. 내일을 대비하기보다는 오늘을 살아내는 게 더 중요했을 테니까요. 어쨌든 당시 인간은 먹이를 빼앗길 경우 강한 심리적 불안과 분노를 느꼈을 겁니다.

이게 바로 '손실 회피 심리'입니다. 이런 심리는 원시 시대 인간의 DNA에 깊숙이 새겨져 오늘날까지 이어졌습니다. 사실 인류가 근대화를 거쳐 현대화된 기간은 인류 역사에 비춰볼 때 극히 짧습니다. 원시 시대와 비교하면 정말 짧은 순간이죠. 그것이 현대 인간의 뇌에 과거 원시 시대 잔영이 여전히 존재하는 이유일 겁니다. 손실 회피 심리는 원시 시대 인류가 살아남는 데 큰 역할을 했겠지만 현대 '투자'에는 가장 큰 방해물로 작용합니다. 인간은 이 심리로 잃어버린 자산의 가치를 얻은 자산의 가치보다 크게 평가합니다. 무슨 말일까요? 1만 원을 잃었을 때와 1만 원을 주웠을 때, 인간은 정서적으로 어느 쪽에 더 큰 영향을 받을까요? 합리적이라면 1만 원의 가치를 똑같다고 느껴야 합니다. 하지만 대부분은 잃어버린 1만 원에 더 마음 아파합니다.

동전 던지기 게임을 상상해봅시다. 앞면이 나오면 2만 원을 벌고 뒷면이 나오면 1만 원을 잃는 게임입니다. 여러분은 이 게임을 하시겠습니까? 합리적으로 행동하는 경제적 인간이라면 해야 합니다. 앞면과 뒷면이 나올 확률은 이론적으로 같습니다. 그렇다면 게임에 이겼을 때 보상이 자기가 건 돈의 2배가 되니 당연히 해야 합니다. 경제학 용어로 이른바 '기대 이익'이 더 크기 때문입니다. 하지만 대부분은 2만 원의 이익보다 1만 원의 손실을 더 크게 느끼기에 게임에 참여하지 않습니다.

손실 회피 심리는 투자의 적입니다. 대부분은 손실의 가능성을 고려하지 않은 채 투자에 뛰어듭니다. 손실이 나기 시작하면 당황합니다. 더 큰 손해를 볼 게 두려워 서둘러 팔고 말지요. 이익이 났을 때도 비슷합니다. 이익이 크게 났다가 조금 줄어들면 조급한 마음에 팔아버립니다. 이른바 '원금 최고점의 법칙' 때문입니다. 투자 원금이 아니라 투자자산 평가 금액이 최고치에 달했을 때 금액을 '원금'이라 생각하는 심리입니다.

예를 들어보죠. 100만 원을 투자한 주식이 120만 원까지 올랐습니다. 그런데 그때부터 가격이 하락해 110만 원이 됩니다. 이때 투자자는 여전히 10만 원의 이익을 거둔 셈인데도 120만 원 최고치를 생각하며 10만 원 손해를 봤다고 생각합니다. 원래 투자 원금은 잊어버리고 120만 원을 원금이라 생각하는 거죠. 이때 다시 손실 회피 심리가 발동합니다. 기다리지 못하고 서둘러 처분합니다.

손실 회피 심리는 투자 참여자에게만 나타나는 현상이 아닙니다. 투자를 하지 않은 사람에게도 종종 발생합니다. "사촌이 땅을 사면 배가 아프다"란 속담은 인간의 심리를 정확하게 표현합니다. 가령, 친구가 시장 상황이 좋지 않은 시점에 매수한 아파트나 주식이 급등해 큰돈을 벌었다고 가정해봅시다. 이때 투자를 하지 않았던 사람은 어떤 감정을 느낄까요? 아파트나 주식 가격이 오르면 오를수록 그 사람의 '상실감'은 배가됩니다. 손해를 봤다는 감정이 깊어지면서 분노와 박탈감에 휩싸이죠. 이런 사람은 어떤 행동을 하게 될까요? 있는 돈 없는 돈 긁어모아 서둘러 투자에 나섭니다. 하지만 여러분도 잘 아시다시피 결과는 거의 별로 좋지 않습니다.

미래의 불확실성에 베팅하는 투자는 인간만이 하는 행위입니다. 가격은 투자에 나서는 인간 심리의 결집체입니다. 가격의 변화는 인간을 흔들고, 인간 심리의 변화에 따라 가격은 또 변합니다. 흔들리는 가격 속에서 중심을 잡으려면 결국 인간 심리를 통찰해야 합니다. 그중에서도 '손실 회피 심리'에 대한 깊은 이해는 매우 중요합니다. 원시 시대엔 자산시장이 존재하지 않았습니다. 그런데 그때 만들어진 DNA가 현대인의 투자를 방해합니다. 이를 극복해야만 성공적인 투자가 가능합니다. 인간 뇌에 새겨진 DNA 일부를 의식적으로 거부해야합니다.

안전자산은
굳건한 주춧돌이 되어준다

"마이너스인 주식보다 2.5% 적금이 낫다" 안전자산에 돈 몰린다.

2022년 5월 7일 자 한경비즈니스 기사 제목입니다. 2021년 주식시장이 강세장일 때 주식을 처음 시작한 분들이 많습니다. 2020년에 주식 투자를 시작한 친구나 지인의 성공담을 들으면서 '지금이 기회'라 생각한 분들이 많았다는 얘기지요. 이분들은 2021년 8월까지는 웃었을 겁니다. 투자가 이렇게 쉬운 거냐며 조금 더 일찍 시작하지 않은 걸 후회했을지도 모르지요. 하지만 이후 주가는 하락합니다. 인플레이션이 서서히 심해지면서 중앙은행이 긴축을 가시화한 시점이라 할 수 있습니다.

초보 투자자들은 이후 어떻게 대응했을까요? 주가가 떨어질 때마다 '우량주는 반드시 오른다'는 생각에 추가 매수에 나섰습니다. 삼성전자, 네이버, 카카오, LG화학 등 한국의 대표주들을 샀겠지요. 이분들 성적은 현재 어떨까요?

"이젠 원금 회복이 목표다. 나름 유튜브와 경제 신문을 챙겨 보며 실적이 좋고 성장성이 있는 기업을 골라 투자했는데……"

2022년 5월 15일, 가상화폐시장에 청천벽력 같은 소식이 들려왔습니다. 거칠 것 없이 상승하던 한국산 코인 루나와 테라USD가 폭락하는 사태가 발생한 겁니다. 불과 일주일 전만 해도 10만 원대 가격을 유지하던 루나가 '0'원으로 수렴했습니다. 단 나흘 만에 벌어진 일입니다. 이 때문에 코인시장에는 연쇄적인 폭락이 잇달았습니다. 루나 폭락이 절정에 치달은 5월 12일, 코인시장 전체로는 약 2000억 달러, 한화로 약 257조 원이 증발했습니다. SNS는 '루나로 코인 강제 졸업'이란 글로 넘쳐났습니다. 18억 원을 투자했던 사람은 485만 원만 남은 자신의 계좌를 공개하기도 했습니다. 위험자산시장은 이처럼 위험합니다. 수십억의 돈을 단 며칠 만에 잃어버릴 수도 있습니다.

이분들은 뭘 잘못한 걸까요? 앞에서 설명한 투자 '타이밍'을 잘못 잡았습니다. 시장 하락기엔 거의 모든 종목이 떨어집니다. 극히 적은 수의 종목은 상승하기도 하지만 예외적인 경우입니다. '타이밍'은 앞 장에서 설명했습니다. 금리가 꾸준히, 그것도 강도 높게 오를 때 자산시장은 예외 없이 부정적인 영향을 받습니다. 일시적인 상승은 가능하지만 자산시장은 '유동성'에서 자유로울 수 없습니다. 이분들은 이것을 너무 가볍게 생각했거나 간과했기 때문에 어려움을 겪는 겁니다. 이유는 또 있습니다. 변동성이 너무 큰 시장에 도박하듯 투자했기 때문입니다.

2022년 위험자산에 투자한 사람들 대부분이 손해를 봤습니다. 금리 상승기에 위험자산시장에 뛰어든 경우가 대부분입니다. 그렇다면 이런 시대에 우린 어떻게 해야 할까요? 돈은 불리는 것도 중요하지만 지키는 것도 중요합니다. 지킨다는 말은 원금 보존만을 의미하지 않습니다. 최소한 물가 상승률 이상의 수익이 나야 원금이 보존되는 겁니다. 연 10% 인플레이션이 발생하면 내 돈의 가치는 그만큼 줄어드는 셈이니까요. 원금을 최대한 보존하려면 가능한 한 높은 수익을 내야 하겠지요. 그렇다고 자산시장 하락장이 명백한 상황에 위험자산에 투자해서 수익을 내기는 어렵습니다. 비교적 안전한 자산에 투자하면서 다시 '때'를 기다리는 게 가장 현명한 방식입니다.

돌아올 '때'를 기다리며 흐름에 올라타라

안전자산이란 말을 들어봤을 겁니다. 위험이 없는 금융자산으로 무위험자산이라고도 합니다. 사실 현실에서 무위험자산이란 존재하지 않습니다. 예금이 안전하다고 하지만 예금자보호법은 은행당 5000만 원까지만 보호해줍니다. 은행이 파산해도 이 금액만큼은 돌려준다는 말이지요. 특정 은행에 1억 원을 예금했는데 그 은행이 파산하면 5000만 원밖에 돌려받지 못합니다. 5000만 원은 손해를 봅니다. 그나마 5000만 원을 돌려받는 데에도 시간이 걸립니다. 완전한 무위험자산이라 할 수 없겠지요. 국가가 발행하는 채권도 마찬가지입니다. 국가도 부도가 납니다. 이 세상에 완전한 무위험자산은 없습니다. 다만, 금융 기관이나 국가의 부도 위험은 상대적으로 낮습니다. 아주 예외적인 경우가 아니라면 이들의 파산을 상상할 수 없겠지요. 따라서 안전자산이란 위험자산에 비해 상대적으로 안전한 자산이라 정의할 수 있습니다.

결국 안전자산이란 채무불이행 위험, 가격 변동의 위험이 상대적으로 덜한 자산을 말합니다. 대표적으로 예·적금, 국·공채, 달러화 등이 있습니다. 투자를 하는 사람 입장에서는 큰 이득만을 생각하게 되니 안전자산 투자가 심심하다고 생각할 수도 있죠. 하지만 변동성이 작아 위험자산 하락기에 장점이 될 수 있습니다. 일확천금을 노릴 수는 없지만 최소한 원금을 안전하게 지킬 수 있습니다.

금리 상승기에는 은행 예·적금 금리가 오릅니다. 국채 수익률도 오르지요. 미국의 긴축이 가시화되면 달러도 오릅니다. 실제로 2022년 4월 한 달 동안 주요 은행의 예·적금 잔액은 약 2조 원 증가했습니다. 금리가 더 오르면 이런 현상은 더욱 가시화될 겁니다.

핵심은 자산시장의 큰 흐름을 볼 수 있어야 돈을 지킬 수 있다는 겁니다. 금리 상승기라는 게 분명해지면 우선 위험자산 비중을 축소할 필요가 있습니다. 자산 비중을 안전자산 위주로 재편해야겠지요. 개인적으론 안전자산 비중을 70% 이상으로 둘 것을 추천합니다. 스마트머니들의 행동을 유심히 볼 필요가 있습니다. 이들은 자산시장의 큰 흐름에 주목해 하락장이 예측되면, 즉 중앙은행이 꾸준히 금리를 올릴 것으로 보이면 과감하게 위험자산시장의 비중을 줄입니다. 대신 현금 비중을 높이거나 달러, 국채 등에 투자하죠.

이들은 시장이 '사이클'을 그린다는 걸 잘 알고 있습니다. 산이 높으면 계곡이 깊고, 계곡이 깊으면 산이 높다는 것을 알죠. 위험할 땐 시장에서 빠져나오고 시장이 충분히 하락했다고 판단할 땐, 즉 중앙은행이 지속적으로 유동성을 확대하는 시점 직전에는 과감히 진입합니다. 이들처럼 쌀 때 사고 비쌀 때 팔아야 합니다.

넣어두고 잊어라?:
우량주를 맹신해선 안 된다

'우량주'란 한마디로 좋은 주식을 말합니다. 재무 구조가 건실하고 안정성, 수익성, 성장성을 동시에 갖춘 기업의 주식이지요. 한 나라를 대표하는 기업의 주식이라 할 수 있습니다. 미국 주식이라면 애플 등을 꼽을 수 있겠고 한국 주식이라면 삼성전자, 네이버, 현대자동차 등이 되겠지요.

2021년 여름 무렵 모 TV 토론 프로그램에 참여한 적이 있습니다. 토론 주제는 "삼성전자 주식을 지금 사도 좋을까?"였습니다. 당시 삼성전자 주가 상황을 이해할 필요가 있습니다. 2021년 초 이른바 '10만' 전자에 근접했던 주가는 서서히 빠지다가 동년 8월 '7만' 전자로 후퇴했습니다. "우량주에 넣어두고 잊어라. 그러면 큰돈이 된다." 2020년에서 2021년까지 주식 투자에 뛰어든 사람들이 즐겨 하던 말입니다. 이런 우량주를 향한 맹목적 믿음 혹은 신화는 이른바 전문가란 사람들이 부추긴 측면이 있습니다. 토론에 같이 참여했던 교수님은 "무조건 사라. 적금을 붓듯이 매달 삼성전자 주식을 사라. 대한민국이 망해도 삼성전자는 건재하다. 이런 좋은 주식을 사지 않으면 바보다"라며 삼성전자 주가 반등을 전망했습니다. '삼성전자 모으기'란 카페까지 생겨날 정도였고 누가 더 많은 삼성전자 주식을 가졌느냐가 주요 관심이자 자랑거리였습니다.

우량주의 배신

2021년 중반 이후 하락세를 보인 코스피는 2022년 들어 낙폭을 키웁니다. 우량주의 대표 주자인 삼성전자는 어땠을까요? '5만' 전자까지 추락한 후 8월 26일 간신히 6만 원에 턱걸이를 했지만 곧 다시 하락세로 돌아섰습니다.

사실 삼성전자만 이같이 추락한 건 아닙니다. 대세 하락기엔 거의 모든 주식이 떨어집니다. 우량주도 예외는 아닙니다. 2022년 우량주 수익률은 저조합니다. 대부분 20% 이상 하락했고 더러는 반토막이 났습니다.

이때 투자자들은 어떻게 대응했을까요? 많은 사람이 하락 초기에 우량주 불패 신화를 믿으며 '물타기'를 했습니다. 여유 자금으로 했다면 다행인데 일부는 빚을 내 해당 주식을 더 샀습니다. 이런 분들의 기대는 허망한 꿈이 됐습니다. 대부분의 주식이 하락 폭을 더 키웠으니까요. 끝까지 반등을 기대했던 많은 사람이 커다란 손해를 봤습니다.

이들은 무엇을 놓쳐 손해를 본 걸까요?

1. 투자 기간 및 적정 가격 오해

삼성전자가 좋은 회사라는 데에는 이론의 여지가 없습니다. 주력 분야인 반도체 부문 역시 구조적으로 성장할 수밖에 없습니다. 안정성, 성장성, 재무 건강성 등 모든 측면에서 우량주임이 틀림없습니다.

문제는 해당 주식을 매입할 때 가격의 적정성 여부입니다. 일반적으로 모든 주식에는 적정 가치보다 '과대평가'되는 시점이 존재합니다. 어떤 기업이든 천년만년 승승장구할 수 없습니다. 시장에는 끊임없이 경쟁자가 출현합니다. 시장 상황 역시 시시각각 변하지요. 아무리 좋은 회사라도 시장 전체를 독식할 수는 없습니다. 삼성전자도 그렇습니다.

성장성 역시 마찬가지입니다. 삼성전자의 핵심 제품인 메모리 반도체는 이미 세계 시장을 장악했습니다. 점유율이 완숙기에 들어선 상태입니다. 이미 해당 주식에 그 가치가 충분히 녹아 있다 봐야 합니다. 삼성전자 주식이 퀀텀점프를 하려면 뭔가 새로운 성장 동력이 필요합니다. 그것이 시스템 반도체이든 전장 부품이든 말입니다. 거듭 말하지만, 일반적인 투자자는 시장이 좋을 때, 주식 가격이 고점에 이르렀을 때 시장에 진입합니다. 삼성전자 주식을 산 대다수가 여기에 속합니다. 한마디로, 과대평가 시점에 비싸게 샀습니다.

사람마다 투자 기간이 다 다릅니다. 하루에도 몇 번씩 사고파는 사람이 있는 반면, 한 번 매입한 종목을 몇 년 이상 보유하는 사람도 있습니다. 기업이 지속적으로 실적을 내며 성장하는 진짜 우량주라면 주가는 끊임없이 우상향하는 모습을 보일 것입니다. 하지만 어떤 기업의 주가도 오르기만 하지 않습니다. 아무리 좋은 주식이라도 하락 구간이 생각보다 길 수 있습니다. 투자자는 보통 이때를 견뎌내지 못합니다. 기업의 성장성과 건강성을 믿는다고 해도 몇 개월 혹은 1년 이상 손해가 나는 주식을 보면서 마음이 흔들리지 않을 사람은 드뭅니다. 이들은 마침내 손절하고 맙니다. 그 후 그 주식은 쳐다보지도 않죠.

　사실 투자자 대부분이 장기 투자를 하지 않습니다. 특정 종목을 몇 개월 혹은 1년 정도를 보유하는 사람은 흔치 않습니다. 진짜 우량주라면 장기적으론 오를 테니, 인내하는 장기 투자자라면 분명 이익을 낼 수 있습니다. 하지만 대개는 그러지 못합니다. 우량주 투자의 손익은 대부분 투자 기간에 따라 결정됩니다.

2. 우량주의 조건 오해

많이들 착각하는 부분이 있습니다. 회사의 규모, 혹은 시가 총액이 크면 우량주라 생각합니다. 대마불사大馬不死라고 기업이 크면 망하지 않으리라 믿습니다. 하지만 기억해야 할 게 있습니다. 덩치가 크면 발걸음이 느릴 수 있습니다. 공룡이 멸종했듯 세상에 영원한 강자는 없습니다. 적자생존의 법칙은 기업 생태계에도 적용됩니다. 변화에 적응하지 못하는 기업은 현재 아무리 든든해 보여도 망하거나 퇴보합니다. 10년 전 시가 총액 10위 안에 들었어도 현재는 밖으로 밀려났거나 주가가 크게 떨어진 기업이 상당수입니다. 포스코, 현대모비스, 신한지주, 현대중공업, KB금융이 대표적입니다. 이들 기업의 시총은 현재 10위권 밖이고 주가도 고점을 회복하지 못했습니다. 그 자리를 어떤 기업이 채웠을까요? 비교적 신생 기업이라 할 수 있는 LG에너지솔루션, 네이버, 카카오 등입니다.

　기업도 인간과 같이 생로병사 과정을 겪습니다. 아무리 튼튼한 사람이라도 운동을 하지 않거나 절제하는 생활을 하지 않으면 병에 걸려 죽습니다. 기업도 다르지 않습니다. 아무리 건강한 기업이라도 시대의 변화에 적응하지 못할 때가 있습니다. 기업 스스로 현재에 안주하며 경쟁력을 잃어갈 수도 있겠지요. 시장에는 새로운 기술로 무장한 팔팔한 경쟁자들이 끊임없이 등장합니다. 최악의 경우 치명적인 실패를 할 수 있는데, 이럴 경우 기초 체력이 급속히 약화하다가 마침내 파산합니다.

이런 점을 고려해 우량주의 개념을 조금 더 확실히 할 필요가 있습니다. 보통 세 가지 조건을 만족해야 합니다.

1) 일정 수준 이상의 규모

여기서 말하는 규모는 해당 업종에서의 규모를 말합니다. 대형주라고 모두 우량주는 아니지만 우량주라면 해당 업종에서 일정 수준 이상의 규모를 지녀야 합니다. 어떤 사람은 중·소형주는 아무리 성장성과 안정성이 뛰어나도 우량주라 할 수 없다고 단언합니다. 저는 개인적으로 이런 의견에 동의하지 않습니다. 중·소형주에도 기술 장벽이 매우 높고 지적 재산권을 독점해 쉽사리 경쟁자가 진입할 수 없는 독보적인 회사들이 있습니다. 이런 회사들은 발전 가능성이 무궁무진합니다. 다만, 어느 정도의 규모는 필요하겠지요.

2) 높은 진입 장벽과 시장 지배력 독점

개인적으로 이 조건을 갖추지 못했다면 아무리 규모가 커도 우량하다고 할 수 없다고 생각합니다. 기술력이 매우 높아 쉽사리 다른 기업이 경쟁자로 나설 수 없는 기업, 동시에 기존 사업으로 안정적인 현금 흐름을 갖춘 기업이야말로 우량한 기업입니다. 무엇보다 끊임없는 연구 개발과 투자로 파격적 혁신 역량을 키워가는 기업이라면 초우량 기업입니다. 애플과 같은 기업이죠.

3) 구조적 성장 산업에 속한 기업

산업 구조는 느리지만 변합니다. 그중에서도 최소 몇 년에서 몇십 년 안에 대세로 자리를 잡은 산업 분야가 있습니다. 2000년대 초반 인터넷 기업 중에는 대기업이 거의 없었습니다. 하지만 20년이 흐른 지금 네이버, 카카오, 구글, 아마존 등은 세계 초일류 기업이 됐습니다. 이런 분야가 앞으론 없을까요? 있습니다. 가령 자동차 산업은 전기차로 급속히 재편되고 있습니다. 전기차 산업은 보급률이 높아지면서 기하급수로 성장할 가능성이 큽니다. 신재생에너지 분야도 비슷합니다. 반도체, 로봇, 인공지능은 또 어떨까요? 구조적으로 성장할 수밖에 없는 분야입니다. 이들 분야에서 독보적인 기술을 갖고 시장 지배력이 높은 기업은 향후 몇 년 혹은 몇십 년 안에 성장할 수밖에 없습니다. 이런 기업을 우량 기업이라 할 수 있겠지요.

4) 주가가 고평가된 기업은 배제

아무리 좋은 기업이라도 현재 국면에서 주가가 과잉 평가되어 있다면 실익이 없습니다. 비록 우량주라도 수익을 내기 어렵습니다. 고평가되었는지 그 기준은 객관적으로 파악해야겠지요. 실적에 비해 주가가 너무 높거나 순자산에 비해 주가 수준이 너무 높다면 즉, PER Price Earning Ratio 이나 PBR Price to Book Ratio 이 동일 업종에 비해 과도하게 높거나 예년에 비해 지나치게 높다면 이를 '주가가 비싸다'고 합니다. 싸게 사야 우량주라도 이득을 볼 수 있습니다.

조금 더 자세히 설명해보겠습니다. PER(주가수익비율)은 주가를 1주당 순이익으로 나눈 값을 말합니다. 현재 주가가 1주당 수익의 몇 배가 되는지를 나타내는 지표입니다. 어떤 기업의 주식이 6만 원이고, 1주당 수익이 1만 원이라면 해당 주식의 PER은 6이 되는 겁니다. 그러니까 PER이 유사 종목에 비해 현저히 높으면 해당 주식은 고평가된 것이고, 반대로 낮다면 저평가된 거지요.

PBR(주가순자산비율)은 주가가 1주당 순자산의 몇 배인지를 보여주는 값입니다. 주가를 1주당 순자산으로 나눈 값이지요. 대차대조표의 순자산과 비교해 현재 주가 수준이 어떤지를 보여주는 지표로, 만약 이 값이 1이라면 회사가 망해도 주식을 가진 사람은 손해를 보지 않습니다. 순자산 가액과 주식 가격이 동일하기 때문이지요. 일반적으로 이 비율이 높을수록 주식은 고평가, 낮을수록 저평가된 것으로 해석합니다.

투자란 우량주를 '발굴'하는 과정이라 할 수 있습니다. 이때 핵심은 겉모습이나 남의 말에 현혹되지 말란 겁니다. 2021년 말 기준, 국내 주식시장에만 2,300개 이상의 기업이 상장되어 있습니다. 이들 중에 이른바 우량주라고 언론이 언급하는 기업은 극소수입니다. 과연 그럴까요? 투자는 진흙 속에서 진주를 골라내는 작업입니다. 우리 기업 중에서도 우량주는 생각보다 많습니다. 좋은 기업을 찾아내 투자하고 그 기업이 성장하면서 이익도 함께 커지는 즐거움, 그게 어쩌면 투자에서 느끼는 행복일지도 모릅니다.

11장

국내 투자와 해외 투자 어떻게 판단해야 할까?

$ 국민연금은 왜 해외 투자 비중을 높였을까?

$ 국내 투자와 해외 투자의 장단점을 인지하라

$ 환율을 모르면 얻었던 수익마저 잃는다

국민연금은 왜 해외투자
비중을 높였을까?

국민연금은 세계에서 내로라하는 고래 투자자입니다. 2022년 6월 말 기준으로 전체 자산은 882조 원을 넘고 이 중 금융 투자 부문 규모만 해도 881조 원을 넘습니다. 국내 주식에는 132조 원을 투자하고 있고 해외 주식에는 235조 원 이상을 투자하고 있습니다. 자산 대비 국내 주식 비중은 약 15%이고 해외 주식 비중은 26.7%에 달합니다. 국내보다는 해외에 2배 이상을 투자합니다. 충분히 이해가 갑니다. 국내 주식시장보다 해외 주식시장 규모가 훨씬 크기 때문입니다.

한데, 해외 투자 비중을 더 높이겠다고 합니다. 2022년 5월 말 국민연금은 향후 기금 운용 방안을 발표했습니다. 향후 5년간 국내 투자 비율을 줄이고 대신 해외 투자와 위험자산 비중을 늘리겠다는 내용이 핵심이었습니다. 2027년 말까지 국내 주식 비중을 14%까지 낮추고 해외 주식 비율을 40.3%까지 높인다고 합니다.

국민연금은 왜 이런 결정을 했을까요? 수익률 때문입니다. 국민연금 기금운용위원회에 따르면 2019년부터 2021년까지 3년간 국민연금의 국내 자산 투자 수익률은 연평균 6.5%였지만 해외 자산 투자 수익률은 18%에 달했습니다. 해외 자산 투자에서 무려 3배에 달하는 높은 수익률을 거뒀습니다.

2022년 1분기는 어땠을까요? 국내든 해외든 금융시장 상황은 좋지 못했습니다. 국민연금 역시 손해를 피할 수 없었습니다. 그런데 자산별 수익률을 보면 국내 주식은 −5.38%, 해외 주식은 −2.98%였습니다. 해외 주식도 손해는 봤지만 역시 손실이 적었습니다.

서학개미가 해외 투자를 포기할 수 없는 이유

큰손들의 전유물이었던 해외 투자는 지난 몇 년 주식 거래 플랫폼이 발전하면서 이제 누구나 쉽게 접근할 수 있게 됐습니다. 해외 주식에 투자하는 개인을 뜻하는 '서학개미'란 단어가 쓰인 지는 2022년 8월을 기준으로 2년 정도입니다. 코로나19 이후 주식시장이 급등하자 개인 투자자들은 미국, 유럽, 중국, 일본 등 새로운 투자처에 직접 투자를 나섰습니다. 규모는 얼마나 될까요? 한국예탁결제원이 국내 투자자 외화 증권 보관 금액을 집계한 결과에 따르면 2022년 7월 말 기준 931억 8400만 달러에 달합니다. 2021년 11월 1000억 달러를 돌파했던 것에 비하면 약간 감소한 수치이지만 여전히 천문학적인 금액입니다.

좋은 기업은 해외, 특히 선진국에 집중되어 있습니다. 세계 시장을 쥐락펴락하는 건 슬프게도 우리 기업보다는 해외 기업입니다. 특히 미국엔 해당 분야에서 전 세계 1위를 점하는 기업들이 수두룩합니다. 거듭 강조했듯이, 주식 투자란 좋은 기업을 찾는 과정이기도 합니다. 미국 주식시장이 전 세계 주식시장의 70%를 차지하는 이유이기도 하지요. 애플, 아마존, 구글, 마이크로소프트, 코카콜라, 엑손모빌, 맥도널드, 테슬라 등등 전 세계인이 아는 유명 회사는 대부분이 미국 주식시장에 상장되어 있습니다.

선진국에는 현재 1위뿐만 아니라, 향후 1위를 할 잠재력을 가진 기업이 많기도 합니다. 우버나 에어비앤비 등등 대부분의 유명 신생 기업은 미국 등 선진국의 기업입니다. 이들 기업은 풍부한 자금력에 자국의 힘이 더해져 우리 기업보다 용이하게 시장 점유율을 높이며 성장합니다. 동일한 업종이라도 일단 시장의 크기가 우리 기업보다 훨씬 큰 곳에서 비즈니스를 합니다. 이는 기업 성장에 매우 중요한 요소로 작용합니다. 한국보다 몇십 배는 큰 미국의 시장은 기업이 성장하기 좋은 매우 비옥한 환경을 제공합니다. 좋은 기업이 많고 향후 더 많은 좋은 기업이 탄생할 여지가 높은 선진국 기업에 투자하는 게 당연합니다.

투자는 쌀 때 사서 비싸게 파는 게 요체입니다. 싸게 산 주식은 비싸게 팔 수 있을 때 의미가 생깁니다. 형편없는 주식을 싸게 샀다고 좋아할 일이 아니지요. 비싸게 팔 수 있는 기업의 주식이어야 하고, 비싸게 팔려면 유망한 기업이어야 합니다. 미래 산업을 주도할 기업이어야 하겠지요. 애플 주식도 2008년 초엔 5달러에 불과했습니다. 2022년 8월 말에는 160달러 정도였는데, 그동안 몇 번 액면 분할을 했으니 같은 기간 175배

정도나 오른 셈입니다. 현재 고인이 된 애플의 전 CEO 스티브 잡스가 첫 스마트폰을 공개한 게 2007년이었습니다. 그는 아이폰을 발표하며 애플의 세 번째 혁명이라고 소개한 바 있습니다. 이때 미래 산업의 향배를 정확하게 읽었던 사람이라면 애플 주식을 샀을 겁니다. 그리고 현재 부자가 되었겠죠.

현재 미래 산업은 어느 국가가 이끌고 있을까요? 두말할 필요도 없이 선진국입니다. 여기엔 한국도 포함됩니다. IT의 중심은 미국, 유럽 등입니다. 배터리 부문의 리더는 누가 뭐래도 한국입니다. 안타깝지만 그렇다 해도 질적, 양적으로 좋은 기업은 해외에 더 많습니다. 이들 기업은 이미 비싸다고요? 그렇지 않습니다. 여전히 싸면서도 미래가 유망한 기업들이 즐비합니다. 이것이 해외 투자를 하는 또 하나의 이유일 겁니다.

일반적으로 해외 특히 미국 주식은 수익률이 좋습니다. 국민연금의 기금 운용에서 알 수 있듯 수익률 측면에서 한국 주식을 앞섭니다. 왜일까요? 여러 가지 이유가 있겠지만 가장 중요한 이유는 좋은 기업을 찾아 움직이는 돈의 속성 때문입니다. 돈이 몰리니 좋은 기업은 주가가 많이 오를 수밖에 없겠지요.

또 하나의 이유로, 미국 주식은 가격 제한이 없습니다. 국내 주식은 하루 위아래로 30%까지 움직일 수 있습니다. 가격 제한 폭이 설정되어 있지요. 반면 미국 주식은 가격이 하루에 2배 이상 뛸 수도, 반토막이 날 수도 있습니다. 상승장일 경우엔 큰 수익이 나지만 하락장에서는 치명적인 손실을 볼 수 있으니 양날의 검인 셈이지요. 어쨌든 적절한 주식을 좋을 때 샀다면 미국 주식 수익률은 한국 주식의 그것보다 클 수밖에 없습니다. 이것이 서학개미가 늘어나는 이유입니다.

국내 투자와 해외 투자의 장단점을 인지하라

해외 주식이 좋으냐 국내 주식이 좋으냐는 선호, 선택의 문제일 뿐입니다. 투자자라면 굳이 해외, 국내를 가릴 필요가 없겠지요. 투자는 좋은 회사와 상품을 찾는 과정입니다. 다만, 해외 투자와 국내 투자에는 몇 가지 차이가 있습니다. 무엇이 다른지를 이해해야 실패의 확률을 조금이라도 줄일 수 있겠지요.

일단 정보의 비대칭성입니다. 일반적으로 주식 가격은 정보에 민감하게 반응합니다. 2022년 9월 2일 미국의 대표 그래픽카드 업체인 '엔비디아'의 주가가 7.67% 급락합니다. 미국 정부가 중국이 인공지능 개발에 사용하는 이 회사의 반도체 제품 2개를 수출 중단하라고 명령했기 때문입니다. 미국 주식시장이 열리는 시간은 한국 시각으로 오후 11시 30분부터 익일 오전 6시까지입니다. 한국인 대부분은 잠에 취했을 때죠. 영어로 발표되는 각종 미국 정보를 일반인이 해석하기는 어렵습니다. 그런 능력이 있다 해도 실시간으로 정보를 취하려면 심야 시간에 깨어 있어야 합니다. 해외 투자의 가장 큰 단점은 현지인과 비교해 정보를 얻기 취약하다는 데 있습니다. 국내 투자라고 개인이 기관과 동등한 정보를 얻을 수는 없겠지요. 여전히 정보 비대칭성이 존재합니다. 그럼에도 해외 투자보다 유리한 건 분명합니다.

정보의 비대칭성이 불러오는 문제

경제는 법과 제도에서 자유로울 수 없습니다. 2022년 8월 바이든 대통령이 서명한 '인플레이션 감축법'이 좋은 예입니다. 전 세계 전기차, 배터리, 재생에너지 분야 기업들은 이 법에 엄청난 영향을 받았습니다. 어떤 기업에는 호재로 작용하지만 현대자동차 같은 기업, 특히 중국의 전기차, 배터리 기업에는 악재가 됩니다. 특정국의 법과 제도 변화는 해당국 국민들이 먼저 알 수밖에 없습니다. 해외 투자자에게는 분명 불리한 환경이지요.

이런 정보의 비대칭성이 불러오는 가장 큰 문제는 정보의 제한성으로 인해 투자자들이 이미 잘 알려진 몇몇 소수 기업에 투자를 집중한다는 데 있습니다. 2022년 8월 15일 기준, 서학개미들은 테슬라, 애플, 엔비디아, 알파벳, 마이크로소프트, 아마존 등 세계 유수의 기업에 투자를 집중했습니다. 테슬라의 경우 시가 총액 9,177억 달러의 1.72%에 이르는 157억 6,832만 달러를 서학개미들이 보유하고 있습니다.

서학개미의 선택을 받은 주식들은 분명 유망합니다. 세계 최고의 기업이니 안정성 측면에서도 우월하죠. 다만, 고평가된 상태라는 점을 객관적으로 이해해야 합니다. 2022년 9월 2일 기준으로 테슬라의 PER은 206, 애플은 129, 마이크로소프트 241, 엔비디아 140입니다. 현재 주가가 주당순이익 EPS, Earnings Per Share 의 100배, 200배를 넘는 주식들입니다.

투자자들이 특정 주식에 높은 가치를 부여하는 이유는 향후 성장성을 고려해서입니다. 다시 말해, 현재 고평가된 주식이라도 향후 성장성이 보장된다면 그 회사 주식은 얼마든지 오를 여지가 있습니다. 핵심은 앞에서 언급한 기업들의 성장성이 현재 고평가된 상황을 뚫을 수 있을 정도로 파격적인가에 있습니다. 여러분은 어떻게 생각하나요? 선택은 오직 투자자 개인의 몫입니다.

분산 투자의 이점을 살리려면

해외 투자를 하는 중요한 이유 중 하나는 분산 투자입니다. 분산 투자를 함으로써 더 많은 기회를 얻기 위함이죠. 한데, 서학개미들의 포트폴리오는 분산 투자의 이점을 충분히 살렸다고 보기 어렵습니다. 우리나라 개인 투자자들은 특정 종목에 집중해 투자하기도 하지만 지역별로도 편향이 심합니다. 미국 투자 비중이 50%를 넘습니다. 개인의 경우 국제적 위험 분산을 고려한 포트폴리오 투자의 일환으로 해외 투자를 활용하기보다는 고위험 고수익을 추구하는 수단으로 이용합니다.

물론 분산 투자가 반드시 유리하다고 할 수는 없습니다. 과도한 분산 투자는 수익률을 외려 갉아먹을 수 있죠. 다만, 적정한 분산 투자는 투자자가 지켜야 할 원칙입니다. 특정 종목에 집중된 투자는 이익을 볼 때는 좋지만 하락할 때는 자칫 걷잡을 수 없는 손해를 봅니다.

결국 국내 투자와 해외 투자의 비중을 얼마로 해야 하냐는 질문은 의미가 없습니다. 중요한 건, 그게 어떤 국가의 기업이든 충분한 공부와 분석을 하고 그 기업에 영향을 미치는 정보를 습득할 능력이 있느냐입니다. 무엇보다 중요한 건 만약의 위험을 대비한 적절한 분산 투자를 했는지입니다. '몰빵'의 대가는 달콤하기도 하지만 치명적이기도 합니다. 서학개미가 2022년 8월 15일까지 가장 많이 순매수한 종목 4위는 '프로셰어즈 울트라프로 QQQ ETF'입니다. 나스닥100 지수의 일간 수익률을 3배로 추종하는 상품이죠. 나스닥이 1% 오르면 3%의 수익률을 안겨줍니다. 반대로 1% 하락하면 3% 마이너스가 나는 상품이죠. 이 수치는 서학개미가 뭘 추구하는지를 보여줍니다. 고위험 고수익 가운데 여러분은 무엇에 더 유념해야 할까요? '고위험'입니다. 투자는 평생 과업이 되었습니다. 투자 위험을 최소화하는 습관을 가질 때 장기적인 성공이 보장된다는 사실을 잊지 말았으면 합니다.

환율을 모르면
얻었던 수익마저 잃는다

해외 주식을 살 때는 필연적으로 환율이 개입합니다. 사려면 원화를 매입하고자 하는 국가의 통화로 바꿔야 하고 팔면 증권 계좌에 해당 통화로 입금이 되니까요. 예를 들어, 미국 주식을 살 때는 원화를 달러로 환전해야 하고 팔았다면 달러로 입금이 됩니다.

이때 환율은 해외 투자 수익에 매우 중대한 역할을 합니다. 예를 들어보겠습니다. 원-달러 환율이 1,000원일 때 1000만 원을 환전해 100달러짜리 주식을 샀다고 가정해보겠습니다. 1000만 원을 환전하면 1만 달러가 됩니다. 100주를 살 수 있겠지요. 1년이 흘렀습니다. 산 주식이 120달러가 됐습니다. 팔면 1만 2,000달러가 되겠지요. 20% 이익을 봤습니다. 이때 환율이 개입합니다. 원-달러 환율이 올라 1,300원이 됐다면 1만 2,000달러는 1560만 원이 됩니다. 원화로 환산하니 56%나 이득이 났습니다. 반대로, 원-달러 환율이 800원으로 하락하면 어떻게 될까요. 환전하면 960만 원이 됩니다. 주식 가격은 올랐지만 원화로 환전하니 손해를 봅니다.

이론적으로 해외 투자가 성공하려면 투자 대상국 통화 강세, 원화 약세가 가장 이상적입니다. 혹은 환율에 변화가 거의 없어야 하겠지요. 반대로 투자 대상국 통화 약세, 원화 강세 기조가 되면 설사 투자 대상국 통화로는 이득을 봤더라도 자칫 손해를 볼 수 있습니다.

정상적인 시기라면 환율 변화는 그리 크지 않습니다. 다만, 경제 위기 상황이거나 코로나19와 같은 예상치 못한 변수, 전쟁과 같은 지정학적 이벤트가 발생하면 환율은 급변합니다. 보통 세계가 위기에 처하면 달러를 포함한 선진국 통화 강세 현상이 두드러집니다. 이런 때라면 미국 주식이 환율 측면에서 유리할 수 있겠죠. 반대로, 정상 궤도의 평온한 시기라면 일반적으로 환율은 안정세를 보이거나 달러 약세에 들어섭니다. 이런 때라면 달러가 급격히 약세로 접어들지 여부를 확인해봐야 합니다.

세금을 모르면 같은 돈을 벌어도 실수익이 달라진다

두 번째는 세금입니다. 주식을 팔면 시세 차익을 얻을 수 있습니다. 이것을 '양도 소득'이라 합니다. 배당금을 주는 주식도 있지요. 배당금을 수령했다면 '배당 소득'이 발생한 겁니다. 그런데 소득이 있는 곳에는 세금이 있습니다. 서학개미들은 보통 미국 주식에 많이 투자하기 때문에 미국 주식의 양도 소득 및 배당 소득 세금을 알아보겠습니다.

양도 소득이 발생했다면 양도소득세를 내야 합니다. 1년에 250만 원까지의 양도 소득에 대해서는 세금이 부과되지 않습니다. 하지만 250만 원 이상 양도 소득이 발생했다면 250만 원을 뺀 나머지 금액의 22%를 세금으로 내게 됩니다. 가령 미국 주식에 투자해 1000만 원을 벌었다면 1000만 원에서 250만 원을 공제한 750만 원의 22%, 즉 165만 원을 양도소득세로 납부해야 합니다. 올해 발생한 양도 소득은 다음 해 5월 종합소득세 신고 기간에 반드시 신고해야 합니다. 늦게 신고하면 가산세가 붙습니다.

배당 소득은 어떨까요? 이 부분은 크게 신경 쓸 일이 없습니다. 미국 주식이나 ETF Exchange Traded Fund 를 보유했다면 배당금의 15%를 세금으로 내야 합니다. 다만, 미국에서는 이미 배당소득세 15%를 원천 징수하고 나머지 배당금을 계좌에 지급하기 때문에 별도로 국세청에 납부할 필요가 없습니다. 배당금이 100만 원이라면 15%를 차감한 85만 원이 입금됩니다. 이는 한·미 간 조세 조약 때문입니다. 이중과세 방지가 목적이죠. 세금을 한국과 미국 둘 중 한 나라에 납부했다면 다른 국가에는 납부할 필요가 없습니다.

다만, 배당 소득을 포함한 금융 소득이 2000만 원을 초과하면 종합과세 대상이 됩니다. 때문에 반드시 5월에 종합소득세 신고를 해야 합니다. 금융 소득이 2000만 원을 넘을 경우 상황에 따라 배당소득세를 내야 할 수도 있는 겁니다.

국내 주식도 양도 소득에 세금이 있기는 합니다. 특정 종목의 지분율이 1%(코스닥의 경우 2%) 이상이거나 보유액이 10억 원을 넘으면 대주주로 간주되고, 22%의 양도소득세가 부과됩니다. 일반 개미 중 여기에 해당

하는 사람은 없겠지요. 사실상 개미들에게 주식양도소득세는 없다고 봐도 무방합니다. 주식을 사고팔아 거액을 벌어도 양도소득세가 없으니 이런 점에서는 국내 주식이 해외 주식보다 환경이 좋다고 할 수 있겠지요.

새로운 통화 정책의 등장:
MMT는 얼마나 실현 가능할까?

우린 몽상이 현실이 되는 시대에 살고 있습니다. 현대통화이론Morden Monetary Theory 도 그중 하나입니다. MMT가 등장한 시기는 20세기 초였습니다. 1905년 독일 경제학자 게오르크 프리드리히 크나프가 기초를 세우고, 1970년대 미국 경제학자이자 헤지펀드 설립자인 워런 모슬러가 체계화한 이론이지요. 이후 미국 경제학계에서 본격적인 논의와 이론 정립이 이뤄졌지만 주류 이론으로 자리 잡지는 못했습니다. 잊혀가던 이 이론은 뜻밖에도 2015년부터 다시 주목을 받습니다. 미국 민주당 대선 후보 경선에 나섰던 버니 샌더스와 영국 노동당 대표였던 제러미 코빈과 같은 정치인들이 거론하면서부터입니다.

"정부는 발권력으로 어떤 규모의 정부 채무도 상환할 수 있다. 화폐는 정부의 강제력에 따라 발행, 유통되기 때문에 얼마든지 공급될 수 있다. 정부는 적자를 걱정할 필요가 없다. 확장 재정 정책을 적극적으로 펼쳐야 한다. 지속적인 재정 흑자와 균형은 외려 불황과 금융위기의 원인이 된다."

MMT의 핵심 논리입니다. 통화는 정부의 독점물입니다. 가계와 기업이 소비를 하려면 돈을 발행할 수는 없으니 벌거나 빌려야 합니다. 정부는 그럴 필요가 없습니다. 필요하면 찍어내면 됩니다. 지불 능력에 문제가 생길 리 없겠지요. "설마 그런 일이 가능하겠어"라 의문을 표하는 분들이 있을 겁니다. 가능합니다. 실제로 우린 팬데믹 당시 돈이 뿌려지는 상황을 목격했습니다. 미국은 물론이고 우리나라도 재난지원금이라는 이름으로 천문학적인 돈을 국민들에게 뿌렸습니다. 주요국 대부분이 그랬죠. 코로나 발 경제 위기의 대응 방식은 단순했습니다. "돈이 필요하면 찍어내면 된다." 좌우 공히 이 개념을 지지했습니다. 일말의 불안감은 있었지만 눈앞의 위기를 처리하는 데 돈 살포만큼 좋은 대안은 없었습니다.

MMT는 정치인에겐 물리칠 수 없는 유혹입니다. 성장이 둔화되고 실업률이 높아질 때, 혹은 부의 불평등이 확대될 때 정치인은 비난을 피할 방편을 찾습니다. 세금을 올리고 혁신을 북돋우고 생산성을 높여 경쟁력을 키우는 일은 지난합니다. 성과가 바로 나타나지도 않지요. 반면, 돈을 찍어 마음대로 쓸 수만 있다면 경제적 곤경이나 난관을 쉽게 극복할 수 있습니다. 파산 직전의 회사에 돈을 주고 무너지는 자산시장을 돈으로 틀어막고 가끔은 어려운 서민들에게 공짜 돈을 쥐여주는 겁니다. 경제는 순간적으로 회생되겠지요. 해고는 줄어들고 자산시장은 상승하고 대중의 생활도 유지됩니다. 표면적으론 아무런 문제가 없습니다. 모두가 행복합니다.

MMT가 현실에 적용된다면?

문제는 MMT가 얼마나 지속 가능할지 여부입니다. 가장 큰 우려는 정부 신뢰가 훼손돼 통화 가치 하락을 동반한 인플레이션이 발생하는 겁니다. MMT 진영에선 정부 강제력이 화폐 가치를 결정한다고 보기에 공권력이 유지되는 한 문제가 생기지 않을 거라고 주장합니다. 쉽게 설명하면, 국가의 힘으로 인플레이션을 제어할 수 있다는 말입니다. 늘어난 화폐 발행을 세금 인상 등으로 제어해 인플레이션을 통제할 수 있다는 말이죠.

지난 몇 년, 세계는 MMT 실험을 했습니다. 결과는 어땠을까요? 절반은 성공했다고 봅니다. 위기에 빠진 경제가 빠른 시일 내에 회복한 건 분명 MMT 덕분이었습니다. 한데, 왜 절반의 성공이라고 할까요? 이론으로만 논의되던 인플레이션 발생이 현실이 됐기 때문입니다. 2022년 8월 말 세계는 40여 년 만에 출현한 인플레이션 습격에 허둥지둥했습니다. 물론 높은 인플레이션이 MMT 때문만은 아닙니다. 우크라이나 전쟁, 미·중 패권 경쟁 등의 사건이 개입한 것도 사실입니다. 하지만, 근본적인 원인은 초저금리에 정부의 재정 정책으로 풀린 천문학적인 돈이 더해졌기 때문이란 것도 부정할 수 없습니다.

MMT 진영이 주장하는 세금 인상 등 정부의 강제력을 동원한 유동성 축소는 그야말로 이론에 불과합니다. 증세는 생각보다 어렵습니다. 어떤 정치인이 세금을 올리는 정책을 좋아할까요? 특히 민주 국가의 선출직 공무원은 인기로 먹고 산다 해도 과언이 아닙니다. 대중의 지지를 받지 못하는 증세 정책을 쓸 정치인은 많지 않습니다. 정부의 힘으로 얼마든지 인플레이션을 통제할 수 있다고 보는 시각은 너무 낭만적입니다. 이것이 MMT를 함부로 쓸 수 없는 이유입니다. 부작용이 너무 크니까요.

이보다 더 큰 문제도 있습니다. 부채에 대한 무감각을 키운다는 거죠. MMT 진영은 부채가 늘어도 성장률이 더 높으면 문제가 해결된다고 주장하며 부채 팽창을 정당화합니다. 맞는 말입니다. 하지만 이는 부채의 늪에 빠져 있지 않은 비교적 건강한 국가들 얘기입니다. 이미 빚의 수렁 속에 있는 국가는 부채 증가율 이상의 성장률 상승이 거의 불가능합니다. 정부의 적자 지출이 효율적이려면 부채를 이용한 투자나 지출에서 얻는 수익이 조달 이자보다 높아야 합니다. 수익을 내려면 지출 자체가 생산적 투자여야 하겠지요. 일자리를 만들어 내거나 인프라 개발 등에 쓰여야 합니다. 만약 비생산적인 분야에 쓰인다거나 빚을 내 빚을 갚는 형국이라면 부채를 이용한 성장은 불가능합니다.

성장이 멈춘 사회, 일본의 교훈

흔히 MMT 옹호론자들은 일본을 모델로 삼습니다. 일본은 인플레이션과 금리 상승이 없습니다. 일본 재무성 자료에 따르면 2020년 말 기준으로 일본의 GDP 대비 정부 부채 비율은 266%를 넘습니다. 그런데도 금리는 낮고, 물가 상승률은 올랐다고 하지만 2022년 7월 말 일본의 소비자물가지수는 2.6% 정도였습니다. 다른 선진국들이 높은 물가로 고통을 겪고 물가 억제를 위해 금리를 올리는 반면, 일본은 상대적으로 낮은 물가에서 초저금리를 유지하고 있습니다. 천문학적 부채와 적자 재정에도 불구하고 겉으론 부작용이 없어 보입니다. 그렇습니다. 일본은 눈에 띠게 문제없이 경제를 운용하고 있습니다. 하지만 우리가 간과하는 부분이 있습니다. 일본에는 성장이 없습니다. 지난 수십 년간 일본은 유의미한 성장과 번영을 이루지 못했습니다.

일본은 2008년 시작한 양적완화 프로그램을 여전히 지속하고 있습니다. 한데, 양적완화 최대 수혜자인 자산시장마저 타국에 비해 잠잠합니다. 주식시장은 중앙은행의 적극적 개입으로 오르긴 했습니다. 하지만 장기적으로 보면 아직도 역사적 고점을 하회합니다. 일본은행이 ETF시장의 80%를 소화하는데도 그렇습니다. 그뿐만 아닙니다. 일본은행은 정부와 기업 부채 시장의 주요 플레이어입니다. 정부와 기업이 발행하는 채권을 중앙은행이 매수하는 거지요. 전방위적 MMT를 시행한다고 말할 수 있습니다. 그런데도 일본의 경제 산출물은 21세기가 시작했을 때보다 약간 높은 수준입니다. 성장이 사라진 거죠. 낮은 인플레이션과 저금리는 축복이 아니라 고통입니다. 번영과 활력이 사라집니다.

부채 증가를 걱정하는 목소리는 무시되기 일쑤입니다. 정부, 기업, 개인은 어느새 부채를 당연시하고 있습니다. 부채는 유행을 넘어 시대의 조류가 됐습니다. 정말 걱정할 필요가 없을까요? 일본이 미래를 보여주는 창이라면 걱정해야 합니다. 글로벌 성장은 계속 느려집니다. 당연히 부채의 부정적 충격은 더 격심해질 것입니다.

MMT는 금융공학입니다. 돈이 만들어내는 환상입니다. MMT의 오용과 남용은 경제를 해칩니다. 도움이 됐다면 일본 경제는 현재 휘파람을 불고 있어야 합니다. 일본은 건전한 재정과 경제 정책 대신 허울 좋은 통화 정책을 택했습니다. 그 결과는 번영 없는 정체된 경제입니다. 일본은 미국과 기타 선진국이 수년 내에 마주할 소우주입니다. 선진국은 부채와 디플레이션, 부의 불균형 확대를 마주할 수밖에 없습니다. 찍어낸 돈이 부메랑이 되어 이들 국가를 정체로 이끌 것입니다. 금융공학으론 번영을 만들어낼 수 없습니다. 중장기적으로 반드시 부정적 결과를 만들어냅니다. 그게 핵심입니다.

위기 상황에서는 돈을 풀어야 합니다. 그게 정부의 역할입니다. 해법은 있습니다. MMT 현실화가 불가피하다면 돈의 흐름을 정교하게 설계해야 합니다. 먼저 한계소비성향이 높은 중산층 이하 서민층에 돈이 흐르도록 하고, 생산성 유발 효과가 큰 곳에 투자가 활발해지도록 유도해야 합니다. 한계소비성향은 새롭게 늘어난 소득 중 소비로 지출되는 비율을 말하는데, 일반적으로 저소득층에게서 높게 측정됩니다. 저소득층은 평소에도 돈이 부족해 필수 소비를 못하기 때문이지요. 추가 소득이 발생하면 부족했던 필수 소비를 하게 되니 추가 소득 대부분을 쓰게 되는 겁니다.

그리고 부동산 등 자산시장으로 향하는 돈의 물꼬를 반드시 생산적 분야로 돌려야 합니다. 돈이 향하는 곳을 통제하지 못한다면 재앙은 불가피합니다. 특히 부채를 부채로 덮으려는 시도는 매우 위험합니다. MMT가 포퓰리즘의 도구가 되어서도 안 됩니다. 무차별적 MMT는 번영과 성장의 발목을 잡기 때문입니다.

나가며

우리 모두의 경제적 자유를 위하여

자본주의 세상에서 '가난'은 질병과 같습니다. 큰 병에 걸리면 낫기 힘들 듯 가난의 수렁에 한번 빠지면 좀처럼 헤어 나오기 어렵습니다. 이유는 현대 자본주의가 '신용'을 근간으로 작동하기 때문입니다. 일반적으로 가난은 신용 하락을 동반합니다. 비교적 넉넉한 재산이 있고 튼튼한 직장이 있을 때는 신용 등급이 높기에 경제 생활을 하는 데 어려움이 전혀 없습니다. 하지만 재산을 잃고 직장까지 없다면 은행은 순식간에 돌변합니다. 단돈 1원도 빌려주지 않죠.

가난이 깊어질수록 자존감은 급격히 낮아집니다. 왕성했던 자신감은 어느새 사라지고 세상을 향한 원망만 깊어질 뿐이죠. 나이는 들어가며 방황은 깊어집니다. 가끔 뭔가를 해보려 하지만 모아놓은 돈도 없고 주변의 도움을 기대할 수도 없습니다. 게다가 젊어서 큰 재산을 가졌다가 가난의 수렁에 빠진 사람은 험한 일을 어려워합니다. 그러다 노인이 되고 맙니다.

이삼십대 청춘에게 노년은 먼일로만 느껴질 겁니다. 나이가 어릴수록 자신이 나이가 들어간다는 사실을 체감하기 어렵지요. 그럼에도 누구도

246 __

세월을 피해갈 수 없습니다. 나이가 들수록 할 수 있는 일도 적어집니다. 일자리를 구하기도 쉽지 않죠. 돈을 모으는 일도 쉽지 않습니다.

얼마 안 되는 기초생활수급비를 모아 기부를 하는 사람도 있습니다. 막노동을 하며 힘들게 살면서도 아낌없이 주변을 돕는 사람도 있습니다. 가난해도 스스로 행복하다면, 주체적인 인간으로 살아갈 수 있다면 그걸로 충분합니다.

문제는 빈곤에 처하면 그렇게 행복하기가 여간해서는 쉽지 않다는 겁니다. 주체적인 삶을 꾸려 나가기엔 아무래도 한계가 있지요. 돈과 자유가 떼려야 뗄 수 없는 밀접한 관계라는 걸 부정하긴 어렵습니다. '경제적 자유'라는 말이 널리 회자하는 이유일 테지요.

우리는 모두 행복한 삶을 원합니다. 재산이 많다고 웃을 수 있는 건 분명 아닙니다. 그렇다고 재산이 없어 가난에 허덕이면서 웃을 수도 없습니다. 타인에게 의존하지 않고 즐겁게 살기 위해서는 어느 정도의 재산이 필수입니다. 건강하게 웃으며 생을 마감하는 데도 마찬가지죠. 현실을 냉철하게 보는 만큼 경제적으로 자유롭고 행복한 삶도 가까워질 수 있음을 잊지 마시길!

부자가 꿈이지만 돈 공부는 처음입니다

초판 1쇄 발행 2022년 10월 27일
초판 5쇄 발행 2024년 12월 10일

지은이 • 윤석천

펴낸이 • 박선경
기획/편집 • 이유나, 지혜빈, 김슬기
홍보/마케팅 • 박언경, 황예린, 서민서
표지 디자인 • 말리북
본문 디자인 • 디자인원
제작 • 디자인원(031-941-0991)

펴낸곳 • 도서출판 갈매나무
출판등록 • 2006년 7월 27일 제395-2006-000092호
주소 • 경기도 고양시 일산동구 호수로 358-39 (백석동, 동문타워 I) 808호
전화 • 031)967-5596
팩스 • 031)967-5597
블로그 • blog.naver.com/kevinmanse
이메일 • kevinmanse@naver.com
페이스북 • www.facebook.com/galmaenamu
인스타그램 • www.instagram.com/galmaenamu.pub

ISBN 979-11-91842-35-7 / 03320
값 16,000원